Renacer entre Rejas

Sanación y Crecimiento Personal, Volume 3

Arturo José Sánchez Hernández

Published by Arturo José Sánchez Hernández, 2024.

While every precaution has been taken in the preparation of this book, the publisher assumes no responsibility for errors or omissions, or for damages resulting from the use of the information contained herein.

RENACER ENTRE REJAS

First edition. November 13, 2024.

Copyright © 2024 Arturo José Sánchez Hernández.

ISBN: 979-8230971047

Written by Arturo José Sánchez Hernández.

PREFACIO

Este libro que tienes en tus manos no es solo una recopilación de palabras, sino una invitación a una travesía de transformación interior. **Renacer entre Rejas** nace de la necesidad de dar voz a quienes, tras los muros de una prisión, han encontrado la esperanza, la resiliencia y el poder de construir una nueva versión de sí mismos. Aunque las rejas sean físicas, muchas veces las barreras más difíciles de superar son aquellas que hemos erigido en nuestro interior.

Para aquellos que se encuentran privados de libertad, el desafío no es solo cumplir con una sanción, sino también enfrentarse a sus propios errores, reconocerlos y utilizarlos como trampolín hacia una vida mejor. **Renacer entre Rejas** es un camino hacia la libertad que comienza desde el alma, desde el deseo profundo de cambio y la voluntad de convertir el sufrimiento en crecimiento personal.

Este libro pretende ser un faro de esperanza, un compañero de viaje que muestra que el dolor puede ser aprovechado, que la caída no define el futuro, y que cada persona tiene el poder de decidir qué tipo de historia quiere escribir. A través de lecciones de resiliencia, estrategias prácticas y reflexiones personales, **Renacer entre Rejas** quiere ayudar a transformar la oscuridad en luz, a construir un futuro más digno y libre, sin importar las circunstancias del presente.

No se trata de borrar el pasado, sino de aprender de él, de encontrar la paz interior a través del perdón, la gratitud y la reconciliación. Este libro está escrito para todos aquellos que, independientemente de cuál sea su situación, buscan una nueva oportunidad para renacer, para liberarse del peso de sus errores y construir una versión mejor de sí mismos.

Espero que estas páginas te inspiren a ver más allá de las rejas visibles e invisibles, y que te ayuden a encontrar el poder y la luz que residen dentro de ti. Este viaje es difícil, pero la recompensa —la libertad interior— es inmensamente valiosa.

Con respeto y esperanza,

Dr. Arturo José Sánchez Hernández.

El autor.

~~~

EL PODER DE LA ESPERANZA: TRANSFORMANDO LA OSCURIDAD EN LUZ

La esperanza es una de las fuerzas más poderosas que podemos cultivar, especialmente en los momentos de mayor adversidad. En la vida, todos enfrentamos situaciones difíciles, y estar en prisión puede sentirse como el fin de todo lo que conocemos y amamos. Sin embargo, la esperanza tiene el poder de transformarnos, de ser esa chispa pequeña pero constante que ilumina el camino cuando todo parece estar en penumbras.

La Semilla de la Esperanza

Imagínate una semilla en medio de una tierra seca y agrietada. Esa semilla, aparentemente sola, está rodeada de condiciones desfavorables. Y a pesar de todo, guarda dentro de sí la fuerza para brotar y crecer. La esperanza actúa de la misma manera en nuestras vidas: es la fuerza que nos mantiene firmes e impulsa a crecer, incluso cuando todo parece ir en contra.

La Esperanza en la Prisión

Estar en prisión puede ser un tiempo de mucha oscuridad e incertidumbre. Los días parecen interminables, y la rutina puede desgastar el ánimo. Pero es justo en esos momentos donde la esperanza se vuelve esencial. Tener esperanza significa creer que, aunque hoy sea difícil, mañana puede ser mejor. Significa confiar en que el tiempo en prisión puede convertirse en una oportunidad de crecimiento personal, autoconocimiento y reflexión. Puede ser un momento para redescubrirte y decidir qué tipo de persona deseas ser.

La Realidad y el Poder de la Esperanza

La esperanza no consiste en ignorar la realidad ni en maquillar lo que ocurre. No niega las dificultades, pero nos da un propósito y un motivo para levantarnos cada mañana, incluso en los momentos más complicados. Es la herramienta que nos permite mirar más allá de las paredes que nos rodean, ver un futuro diferente y, lo más importante, trabajar para alcanzarlo.

Pequeñas Acciones que Alimentan la Esperanza

La esperanza se nutre de acciones pequeñas. Cada paso que das para mejorar, cada esfuerzo por aprender algo nuevo, cada día en el que decides seguir adelante, es un acto de esperanza. Con el tiempo, esas pequeñas acciones crean grandes cambios. Puede ser aprender una nueva habilidad, ayudar a alguien, escribir tus pensamientos o hacer ejercicio para cuidar tu cuerpo. Cada una de estas cosas, por insignificante que parezca, suma a la transformación que deseas en ti.

Ejemplos de Transformación a Través de la Esperanza

La historia está llena de ejemplos de personas que, a pesar de enfrentar situaciones extremas, incluso la prisión, lograron salir adelante, reinventarse y contribuir positivamente a la sociedad. Estas historias no se construyeron porque todo fuera fácil, sino porque hubo esperanza: una visión de algo mejor que los guió en su proceso. La esperanza nos recuerda que no somos nuestras circunstancias, y que siempre podemos aspirar a ser mejores.

CONSIDERACIONES FINALES

Si hoy estás en un lugar oscuro, recuerda que la oscuridad no es para siempre. La esperanza es la luz que puede guiarte y, aunque sea pequeña, es suficiente para dar el siguiente paso. Mantén viva esa esperanza. Cree en el futuro que deseas construir, y usa cada día para dar un paso más hacia él.

~~~

MANTÉN VIVA LA ESPERANZA: ESTRATEGIAS PRÁCTICAS PARA SEGUIR ADELANTE

En la vida, la esperanza es esa chispa que nos impulsa a seguir adelante incluso cuando todo parece difícil. Para quienes se encuentran en prisión, donde el ambiente puede ser desalentador, es vital encontrar formas de mantener viva la esperanza. La esperanza no es solo un sentimiento; es una elección y un hábito que se cultiva día a día. Hoy vamos a explorar algunas estrategias prácticas que pueden ayudarte a mantener viva esa llama y seguir adelante, un paso a la vez.

Visualiza un Futuro Mejor

Una de las formas más poderosas de mantener la esperanza es visualizar un futuro mejor. La imaginación tiene un poder inmenso: te permite proyectarte en un lugar diferente al que estás ahora y construir un puente entre tu presente y ese futuro deseado. Visualiza cómo te gustaría que fuera tu vida al salir: reuniéndote con tus seres queridos, consiguiendo un empleo que te apasione o simplemente llevando una vida en paz. Dedica unos minutos cada día a esa visualización, detallando cada imagen y sintiendo la emoción de esos momentos futuros. Mantener esa visión en tu mente te recordará por qué vale la pena seguir adelante.

Enfocate en los Pequeños Logros Diarios

Estar en prisión puede hacer que los días parezcan monótonos, pero encontrar pequeños logros cotidianos puede cambiar la perspectiva y alimentar la esperanza. ¿Has aprendido algo nuevo hoy? ¿Has tenido una conversación significativa? ¿Te has ejercitado, has escrito un párrafo o has tenido un momento de calma? Todos estos son logros. No necesitas grandes éxitos para celebrar. Los pequeños pasos cuentan, y cada uno es una señal de que estás avanzando hacia un futuro mejor. Hacer una lista de los logros diarios, por pequeños que sean, puede ser una herramienta poderosa para mantener una mentalidad positiva.

Rodeate de Pensamientos Positivos

Nuestros pensamientos tienen un impacto directo en cómo nos sentimos y enfrentamos el día. Es fácil dejarse llevar por pensamientos negativos, especialmente en un ambiente tan difícil como la prisión. Sin embargo, rodearte de pensamientos positivos puede marcar una gran diferencia. Empieza cada día con una afirmación positiva, como "Hoy puedo hacer algo para mejorar mi vida" o "Tengo la capacidad de cambiar mi futuro". Escribe frases alentadoras y colócalas donde puedas verlas, o recítalas cuando te sientas decaído. Rodéate también de personas que, aunque estén en las mismas circunstancias, traten de mantener una actitud constructiva. Compartir palabras de ánimo y apoyo mutuo puede ayudar a mantener viva la esperanza de todos.

Practica la Gratitud

La gratitud es esencial para cultivar la esperanza. A pesar de las dificultades, siempre hay algo por lo cual estar agradecido: una carta recibida, una conversación sincera, el simple hecho de despertar otro día y tener la oportunidad de mejorar. Practicar la gratitud te ayuda a enfocarte en lo que tienes, en lugar de lo que te falta, y eso es una fuente constante de esperanza. Cada día, encuentra al menos una cosa por la que estés agradecido y reflexiona sobre ella.

Cuida el Cuerpo y la Mente

Mantener la esperanza viva depende también de cuidar tu bienestar físico y mental. El ejercicio regular, incluso en un espacio reducido, ayuda a liberar tensiones y a mantener un estado de ánimo positivo. Practicar la meditación o la respiración consciente es útil para calmar la mente y conectarte con el presente. Cuando cuidas de tu cuerpo y mente, estás enviando un mensaje a ti mismo: "Me importo, y estoy trabajando por mí".

CONSIDERACIONES FINALES

Mantener la esperanza en un lugar donde el tiempo parece haberse detenido no es fácil, pero es posible. Visualizar un futuro mejor, celebrar pequeños logros, rodearse de pensamientos positivos, practicar la gratitud y cuidar de tu bienestar físico y mental son herramientas que te ayudarán a sostener esa esperanza. Día tras día, recuerda que la oscuridad no dura para siempre y que la luz que necesitas está dentro de ti, esperando ser encendida.

~~~

IMPORTANCIA DE UNA MENTALIDAD POSITIVA: CAMBIANDO DESDE ADENTRO

La forma en que pensamos afecta profundamente cómo vivimos. Esto es aún más cierto cuando nos enfrentamos a situaciones difíciles, como estar en prisión. En estos momentos, la mentalidad positiva no es solo una herramienta opcional, es una necesidad que puede cambiar nuestra perspectiva del presente y la proyección de nuestro futuro. Cultivar una actitud positiva tiene el poder de transformar nuestra realidad, influir en nuestras decisiones y, sobre todo, mejorar nuestras emociones. En este artículo, exploraremos por qué una mentalidad positiva es esencial y cómo empezar ese cambio desde adentro.

El Cambio Interno Empieza con la Actitud

Una actitud positiva no significa ignorar los problemas ni fingir que todo está bien cuando no lo está. Se trata de adoptar una perspectiva que nos permita ver las dificultades como oportunidades para aprender y crecer. La actitud positiva es el primer paso hacia el cambio interno porque modifica cómo interpretamos lo que nos sucede. En lugar de sentirnos atrapados o impotentes, empezamos a ver posibilidades, incluso en medio de la adversidad.

Las circunstancias externas no siempre están bajo nuestro control, pero nuestra actitud sí lo está. Cuando decidimos ser positivos, elegimos enfocarnos en lo que podemos hacer, en lugar de lo que no podemos. Esa elección impacta nuestras emociones, permitiéndonos enfrentar cada día con más fuerza y resiliencia.

Cómo la Mentalidad Positiva Influye en las Decisiones

Una mentalidad positiva no solo mejora nuestro estado emocional, también influye en la calidad de nuestras decisiones. Frente a un desafío, una actitud negativa puede llevarnos a la desesperación o al desánimo, haciendo que tomemos decisiones impulsivas o nos rindamos. En cambio, una mentalidad positiva nos permite analizar las situaciones con calma, ver nuestras opciones y elegir la mejor alternativa.

Por ejemplo, si decides enfocarte en lo que sí puedes hacer, empezarás a tomar decisiones que te beneficien. Tal vez elijas aprender una nueva habilidad, leer un libro que te inspire o trabajar en mejorar alguna relación. Estos pequeños pasos, guiados por una mentalidad positiva, se convierten en decisiones significativas que te acercan a un futuro mejor.

Influencia en las Emociones

Nuestros pensamientos y emociones están estrechamente relacionados. Una mentalidad negativa alimenta emociones como la ira, la frustración o la tristeza. Por otro lado, elegir pensamientos positivos cultiva emociones más saludables, como la esperanza, la paz y la alegría.

Esto no significa que nunca sentirás tristeza o enojo, pero una mentalidad positiva te ayudará a gestionar mejor esos momentos difíciles y a no quedarte atrapado en ellos.

Pensar de forma positiva envía un mensaje a tu mente de que vale la pena seguir adelante, de que eres capaz de superar las dificultades. Esa confianza en ti mismo fortalece tu bienestar emocional y te permite enfrentar cada día con una mejor disposición.

Estrategias para Cultivar una Mentalidad Positiva

Cultivar una mentalidad positiva es un proceso diario. Aquí te comparto algunas estrategias que pueden ayudarte:

Afirmaciones diarias: Empieza cada mañana con afirmaciones positivas, como "Hoy voy a dar lo mejor de mí" o "Tengo el poder de cambiar mi vida". Estas frases, aunque sencillas, tienen un gran impacto cuando se repiten con convicción.

Enfócate en lo positivo: Incluso en los días difíciles, intenta encontrar algo positivo. Puede ser un pequeño logro, una conversación amable o el simple hecho de haberte mantenido fuerte hasta ahora.

Rodéate de buenas influencias: Los pensamientos de quienes te rodean también influyen en tu mentalidad. Intenta relacionarte con personas que quieran mejorar, que sean positivas y que se apoyen mutuamente.

Practica la gratitud: Dedica un momento cada día a reflexionar sobre las cosas por las que estás agradecido. Esto te ayudará a enfocar tu mente en lo bueno que tienes y a sentirte más optimista.

CONSIDERACIONES FINALES

La mentalidad positiva es la clave para iniciar un cambio interno y transformar nuestra realidad. No podemos cambiar todas nuestras circunstancias, pero sí podemos cambiar la forma en que las enfrentamos. Con una actitud positiva, puedes influir en tus decisiones, mejorar tus emociones y, finalmente, construir una vida más satisfactoria, incluso en los momentos más oscuros. Recuerda que, aunque no puedas controlar todo lo que te sucede, sí puedes controlar cómo reaccionas ante ello.

~~~

EL PODER DE LA RESILIENCIA: LEVÁNTATE Y CRECE CON CADA CAÍDA

La vida está llena de desafíos, momentos difíciles y caídas que a veces parecen imposibles de superar. Sin embargo, existe una cualidad que nos permite no solo sobrevivir a esas dificultades, sino salir de ellas más fuertes y sabios: la resiliencia. La resiliencia es la capacidad de levantarse después de cada caída, de transformar el dolor y la adversidad en oportunidades de crecimiento. Hoy quiero hablarte del poder de la resiliencia y cómo puede ayudarte a transformar tu vida, incluso en las circunstancias más desafiantes.

¿Qué es la Resiliencia?

La resiliencia es esa fuerza interior que te impulsa a seguir adelante, aun cuando todo parece estar en tu contra. Es la capacidad de adaptarse, aprender y crecer a partir de las experiencias difíciles. La resiliencia no significa que no sintamos el dolor o que no nos afecten las dificultades, sino que, a pesar del dolor, decidimos levantarnos y seguir luchando por un futuro mejor.

Cuando estás en prisión, puede ser fácil sentir que el mundo se ha detenido y que el futuro es incierto. Pero es precisamente en esos momentos de adversidad cuando la resiliencia se vuelve más importante. Ser resiliente no significa solo sobrevivir al tiempo en prisión, sino también salir de esta experiencia más fuerte, más sabio y preparado para construir una vida mejor.

Aprende de Cada Caída

En la vida, todos enfrentamos caídas. A veces cometemos errores, tomamos decisiones equivocadas y enfrentamos las consecuencias de nuestras acciones. Pero esas caídas no tienen que definirnos. Cada caída es una oportunidad para aprender, para reflexionar sobre lo que nos llevó hasta ese punto y para encontrar formas de hacerlo mejor en el futuro.

La resiliencia te permite mirar cada error, cada obstáculo, y preguntarte: "¿Qué puedo aprender de esto?". En lugar de ver las dificultades como el final del camino, puedes verlas como parte del proceso de crecimiento. Cada caída es una lección, y cada vez que te levantas, estás más cerca de la persona que quieres ser. La resiliencia te enseña a no rendirte, a mantener la esperanza y a usar cada experiencia como un peldaño hacia un futuro mejor.

La Resiliencia como Fuerza para el Futuro

Ser resiliente no solo significa sobrevivir a los momentos difíciles, sino salir de ellos con una nueva perspectiva y con la fuerza para enfrentar lo que venga. La resiliencia te permite ver más allá de los desafíos actuales y enfocarte en las posibilidades del futuro. Cuando eres resiliente, te das cuenta de que no importa cuán difícil haya sido el pasado, siempre puedes levantarte y construir algo nuevo.

Cada día es una nueva oportunidad para ser resiliente. Puede ser algo tan simple como mantener una actitud positiva, aprender algo nuevo o comprometerte a ser mejor en un área de tu vida. Estos pequeños actos de resiliencia se acumulan y te fortalecen para enfrentar desafíos más grandes. La resiliencia no se trata de ser invencible, sino de ser flexible, de adaptarse y de aprender. Es la fuerza que te permite transformar las dificultades en oportunidades de crecimiento.

Cómo Cultivar la Resiliencia

Acepta las Dificultades: La vida tiene momentos difíciles, y aceptarlos es el primer paso para ser resiliente. No luches contra la realidad; acepta los desafíos y enfócate en cómo superarlos.

Encuentra el Aprendizaje en Cada Situación: Cada experiencia, por difícil que sea, tiene algo que enseñarnos. Busca siempre la lección y utilízala para crecer y ser mejor.

Mantén una Mentalidad Positiva: La actitud con la que enfrentas los desafíos marca la diferencia. Mantén la esperanza y enfócate en las posibilidades, no en las limitaciones.

Cuida tu Bienestar: La resiliencia también implica cuidar de ti mismo. Haz ejercicio, mantén una buena alimentación, duerme lo necesario y dedica tiempo a actividades que te hagan sentir bien. Un cuerpo fuerte ayuda a mantener una mente fuerte.

Rodéate de Apoyo Positivo: Las personas que te rodean pueden ser una gran fuente de apoyo. Busca relaciones que te animen, te inspiren y te ayuden a mantener la motivación en los momentos difíciles.

CONSIDERACIONES FINALES

La resiliencia es la capacidad de levantarse después de cada caída, de transformar el dolor y la adversidad en oportunidades de crecimiento. Ser resiliente no significa que no sentirás el dolor de los desafíos, sino que, a pesar de él, decides seguir adelante y luchar por un futuro mejor. Cada caída es una lección, y cada vez que te levantas, te fortaleces y te preparas para enfrentar lo que venga. Hoy quiero animarte a desarrollar esa resiliencia, a recordar que siempre puedes levantarte y a saber que cada dificultad es solo una parte del camino hacia una vida más fuerte y sabia.

~~~

UTILIZA EL DOLOR: CONSTRUYE UNA MEJOR VERSIÓN DE TI MISMO

El dolor es una experiencia que todos enfrentamos en algún momento de nuestras vidas. Puede ser físico, emocional o espiritual, y muchas veces se siente como una carga que nos impide avanzar. Sin embargo, el sufrimiento también tiene el potencial de ser una poderosa herramienta para el crecimiento personal. Para quienes se encuentran en prisión, el dolor puede parecer abrumador, pero también puede convertirse en un motor que impulse una transformación positiva. Hoy vamos a reflexionar sobre cómo el sufrimiento y las experiencias difíciles pueden ser un medio para construir una mejor versión de nosotros mismos.

El Dolor como una Oportunidad de Crecimiento

Cuando atravesamos momentos de dolor, es natural querer escapar, evitarlo o simplemente dejar de sentir. Sin embargo, el dolor también tiene un lado transformador. En esos momentos de mayor vulnerabilidad, nos encontramos cara a cara con nuestras debilidades, miedos e inseguridades. Y es precisamente ahí, en esa vulnerabilidad, donde se encuentra la oportunidad de crecimiento.

El dolor nos obliga a reflexionar sobre quiénes somos y qué queremos para nuestro futuro. En lugar de verlo como un enemigo, podemos verlo como un maestro que nos impulsa a cambiar, a ser mejores y a desarrollar habilidades que de otro modo no habríamos descubierto. Aceptar el sufrimiento como parte del proceso de crecimiento nos da la fuerza para transformarnos y encontrar propósito incluso en las situaciones más difíciles.

Fortalécete Internamente

Las experiencias difíciles tienen el potencial de fortalecernos internamente. No se trata de ignorar lo que duele, sino de enfrentarlo con valentía. Cada vez que eliges enfrentar el dolor en lugar de huir de él, desarrollas resiliencia y cultivas una fuerza interior que te permite superar cualquier obstáculo.

Piensa en el dolor como el proceso de forjar acero. Para que el acero se vuelva más fuerte, tiene que pasar por el fuego. De la misma manera, las experiencias dolorosas son ese fuego que, aunque quema, también nos permite fortalecernos. Cuando aprendes a soportar el dolor y a usarlo como una fuente de motivación, estás forjando una versión más resistente de ti mismo.

Transfórmate a Través del Sufrimiento

Muchas personas han encontrado en el sufrimiento la chispa que necesitaban para cambiar sus vidas. El dolor puede ser el punto de inflexión que te impulse a tomar decisiones diferentes, a comprometerte con un futuro mejor y a romper con patrones del pasado que ya no te sirven. Reflexionar sobre los errores, aprender de ellos y usar esas lecciones para transformarte es una de las formas más poderosas de utilizar el dolor para bien.

Estar en prisión puede ser una experiencia llena de dolor, soledad y arrepentimiento. Pero también es un momento para reflexionar y redescubrir quién eres y quién quieres ser. En lugar de permitir que el dolor te consuma, úsalo para alimentar tu deseo de ser mejor, encontrar propósito y construir una vida con sentido. Cada momento de sufrimiento es una oportunidad para crecer, para entenderte mejor y para comprometerte a cambiar de manera positiva.

Estrategias para Usar el Dolor como Herramienta de Crecimiento

Escribe tus emociones: Poner en palabras lo que sientes es una forma efectiva de procesar el dolor. Llevar un diario te ayuda a comprender mejor tus emociones y a ver cómo esas experiencias contribuyen a tu crecimiento.

Reflexiona sobre las lecciones aprendidas: Cada experiencia dolorosa trae consigo una lección. Reflexiona sobre lo que has aprendido y cómo esas lecciones pueden ayudarte a ser una mejor versión de ti mismo.

Busca apoyo: Hablar con otras personas sobre tu dolor, compartir tus experiencias y escuchar las de otros te ayuda a sentirte menos solo y a encontrar nuevas perspectivas. El apoyo mutuo es una herramienta poderosa para la transformación.

Fija metas a partir del dolor: Utiliza el dolor como motivación para fijarte metas. Puede ser algo pequeño al principio, como mejorar un aspecto de tu salud o aprender algo nuevo. Cada meta que alcanzas te recuerda que el dolor no te define, sino que eres tú quien tiene el control.

CONSIDERACIONES FINALES

El dolor es una parte inevitable de la vida, pero también puede ser una poderosa herramienta para el crecimiento personal. Al enfrentar el sufrimiento con valentía, puedes transformarlo en un motor que te impulse a construir una mejor versión de ti mismo. Aunque las experiencias difíciles puedan parecer insuperables, cada momento de dolor es una oportunidad para reflexionar, crecer y fortalecerte internamente. Recuerda que, aunque el dolor sea parte de tu historia, no tiene que ser el final. Tú tienes el poder de usar ese sufrimiento para crear un nuevo comienzo, más fuerte y lleno de propósito.

~~~

TRANSFORMA TUS ERRORES EN LECCIONES: TU FUTURO NO ESTÁ DEFINIDO POR EL PASADO

Todos cometemos errores. Forma parte de ser humanos. Los errores del pasado pueden ser dolorosos, causar arrepentimiento y hacernos sentir que no hay manera de enmendarlos. Sin embargo, lo más importante no es el error en sí, sino lo que hacemos después de haberlo cometido. Los errores no tienen que definir tu futuro. Pueden convertirse en lecciones poderosas que te ayuden a crecer y mejorar. Hoy quiero invitarte a ver los errores del pasado no como cadenas que te aten a la culpa, sino como oportunidades de aprendizaje y crecimiento.

Los Errores No Definen Quién Eres

A veces es fácil pensar que, por haber cometido errores, ya no tenemos la posibilidad de cambiar. Quizás sientas el peso de tus decisiones pasadas y creas que eso es todo lo que serás. Pero esa es una idea errónea. Tu pasado no tiene que definir quién eres o quién serás en el futuro. Cada error puede ser una oportunidad para reflexionar, aprender y ser mejor.

El primer paso para transformar un error en una lección es aceptar que todos, sin excepción, cometemos errores. Lo importante es qué hacemos con esas experiencias. ¿Te quedarás atrapado en la culpa o elegirás aprender y crecer a partir de ello? La decisión es tuya, y la buena noticia es que siempre puedes elegir avanzar.

Los Errores como Oportunidades de Aprendizaje

Cuando cometes un error, tienes dos opciones: lamentarte eternamente y quedarte atrapado en el pasado, o aprender de esa experiencia y utilizarla para construir un futuro mejor. Los errores nos enseñan cosas valiosas sobre nosotros mismos y sobre el mundo que nos rodea. Nos muestran nuestras debilidades y áreas de oportunidad, y nos motivan a ser más conscientes de nuestras decisiones en el futuro.

Cada error contiene una lección, y depende de ti encontrarla. Si tomaste una mala decisión, pregúntate: "¿Qué me llevó a tomar esa decisión?", "¿Qué podría hacer diferente la próxima vez?". Al analizar los errores de manera objetiva y sin juzgarte, te das la oportunidad de aprender y convertirte en una mejor versión de ti mismo. Recuerda que cada experiencia, incluso las negativas, puede ser una fuente de aprendizaje si eliges verla de esa manera.

Libérate de las Cadenas de la Culpa

La culpa es una carga pesada que te impide avanzar. Sentir culpa cuando cometemos un error es natural, pero quedarse atrapado en ella no te ayudará a crecer ni a cambiar. La culpa te mantiene atado al pasado, mientras que el aprendizaje te impulsa hacia el futuro. Para transformar tus errores en lecciones, es importante liberarse de la culpa y enfocarse en lo que puedes hacer hoy para ser mejor.

El perdón, especialmente hacia uno mismo, es un paso fundamental en este proceso. Perdonarte no significa justificar tus errores, sino reconocer que eres humano, que cometiste un error y que estás dispuesto a aprender de él. Al liberarte de la culpa, abres espacio para el crecimiento y la posibilidad de escribir un nuevo capítulo en tu vida.

Cómo Transformar los Errores en Lecciones

Reflexiona Sobre el Error: Tómate el tiempo para reflexionar sobre lo que sucedió. Analiza qué te llevó a cometer ese error y qué podrías haber hecho diferente. La reflexión es clave para aprender y evitar repetir los mismos errores en el futuro.

Identifica la Lección: Pregúntate qué puedes aprender de esa experiencia. Tal vez aprendiste algo sobre ti mismo, sobre tus límites, o sobre la importancia de escuchar a los demás. Identificar la lección te ayudará a convertir ese error en algo positivo.

Comprométete a Cambiar: Una vez que hayas identificado la lección, comprométete a cambiar. Define cómo actuarás de manera diferente la próxima vez que enfrentes una situación similar. El compromiso con el cambio es lo que te permitirá crecer y evolucionar.

Perdónate a Ti Mismo: Deja ir la culpa y entiende que cometer errores es parte de ser humano. Perdónate y enfócate en el presente, en lo que puedes hacer hoy para ser mejor.

CONSIDERACIONES FINALES

Los errores del pasado no tienen que definir tu futuro. Cada error puede ser una oportunidad de aprendizaje y crecimiento si decides verlo de esa manera. En lugar de quedarte atrapado en la culpa, elige transformar tus errores en lecciones que te ayuden a ser una mejor versión de ti mismo. Recuerda siempre que el pasado ya pasó, pero el futuro está lleno de posibilidades. Tú tienes el poder de cambiar y de construir un futuro mejor, utilizando cada lección aprendida para avanzar con más fuerza y sabiduría.

~~~

TÚ DECIDES QUÉ TIPO DE HISTORIA ESCRIBIR: CONSTRUYENDO TU PROPIO FUTURO

En la vida, todos tenemos una historia, y cada día es una nueva página en blanco que nos brinda la oportunidad de escribir el próximo capítulo. A veces, el pasado puede parecer un peso que nos ata, lleno de errores, momentos oscuros y arrepentimientos. Pero lo que realmente importa no es cómo comenzó la historia, sino cómo decidimos que continúe. Hoy quiero recordarte que tú eres el autor de tu vida, y tienes el poder de decidir qué tipo de historia quieres escribir a partir de ahora. Con decisiones más sabias y conscientes, puedes crear un futuro lleno de esperanza y crecimiento.

El Pasado No Define Tu Futuro

El pasado es parte de tu historia, pero no tiene que definir tu futuro. Aunque hayas enfrentado momentos difíciles o cometido errores, siempre tienes la capacidad de cambiar el rumbo de tu vida. Cada día es una nueva oportunidad para escribir un nuevo capítulo, uno en el que decides ser más fuerte, más sabio y más consciente de tus decisiones.

Es fácil sentir que, debido a los errores del pasado, no merecemos un futuro mejor o que nuestras posibilidades están limitadas. Pero eso no es cierto. Cada uno de nosotros tiene el poder de cambiar su historia. Tus decisiones de hoy son las que determinarán qué tipo de vida tendrás mañana. Al tomar el control de tu narrativa personal, puedes dejar atrás los errores y elegir el camino que realmente deseas seguir.

Toma el Control de Tu Narrativa Personal

Tomar el control de tu narrativa significa decidir cómo quieres que se desarrolle tu historia, incluso si el comienzo no fue perfecto. Imagina que tu vida es un libro, y tú eres el autor. Los capítulos anteriores ya están escritos, pero el próximo aún está en blanco. Puedes elegir cómo escribirlo, qué cambios hacer y qué nuevas oportunidades crear.

Comienza reflexionando sobre qué tipo de persona deseas ser. ¿Cómo quieres que te recuerden? ¿Qué valores guiarán tus decisiones? Estas preguntas son fundamentales para tomar el control de tu narrativa y definir el rumbo que deseas seguir. Al hacerlo, te das cuenta de que el poder de cambiar y de crear una nueva historia está dentro de ti.

No importa cuán oscuro haya sido el pasado, siempre puedes elegir un nuevo camino. Cada día puedes tomar decisiones que te acerquen a la persona que deseas ser. Cada pequeño esfuerzo cuenta: aprender algo nuevo, ser amable contigo mismo, ayudar a los demás, desarrollar un hábito positivo. Todo esto contribuye a la historia que estás escribiendo. Tú decides si el próximo capítulo será uno de crecimiento, superación y esperanza.

Toma Decisiones Conscientes para un Futuro Mejor

Para escribir una historia mejor, es importante tomar decisiones conscientes. Muchas veces, los errores del pasado se cometieron porque actuamos sin pensar, sin considerar las consecuencias. Ahora es el momento de cambiar eso. Cada decisión tiene el poder de acercarte o alejarte del futuro que deseas. Al ser consciente de tus decisiones, al reflexionar antes de actuar y al elegir con sabiduría, estás tomando el control de tu vida y creando una historia diferente.

Decidir qué tipo de historia escribir también implica rodearte de personas que te apoyen, que te inspiren y que te animen a ser mejor. Construye relaciones que te impulsen a crecer, que te recuerden que eres capaz de cambiar y que te den la fuerza para seguir adelante. Al rodearte de personas positivas y al tomar decisiones que reflejen tus valores, estarás escribiendo un capítulo lleno de esperanza y posibilidades.

Recuerda que cada decisión cuenta, incluso las más pequeñas. A menudo, los cambios más significativos surgen de pasos aparentemente simples. Cuando decides avanzar, aunque sea un pequeño paso, estás demostrando tu compromiso con un futuro diferente. No subestimes el poder de una buena decisión tomada en el momento adecuado; puede ser el punto de partida para transformar toda tu historia.

CONSIDERACIONES FINALES

Tú decides qué tipo de historia escribir. Aunque el pasado tenga momentos oscuros, eso no significa que el futuro deba ser igual. Cada día es una nueva oportunidad para tomar el control de tu narrativa personal y decidir cómo quieres que se desarrolle tu vida. Con decisiones más sabias y conscientes, puedes construir un futuro lleno de esperanza, crecimiento y oportunidades. Recuerda siempre que el poder de cambiar y de escribir una nueva historia está en tus manos. Cada día es una página en blanco, y tú eres el autor.

~~~

CONSTRUYE UNA BASE SÓLIDA PARA TU LIBERTAD FUTURA: ALCANZA TU VERDADERO POTENCIAL

La libertad es algo que todos anhelamos, pero una verdadera libertad no se limita solo a salir de un lugar físico. La libertad real implica vivir plenamente, en paz, con la capacidad de tomar decisiones sabias y construir un futuro positivo. El tiempo en prisión, aunque parezca una pausa en la vida, es una oportunidad para prepararse y construir una base sólida para el futuro. Hoy hablaremos sobre cómo el trabajo interior y la preparación personal pueden ser clave para una vida exitosa y libre una vez que recuperes tu libertad.

El Trabajo Interior: Construyendo Resiliencia y Paz

El trabajo interior es una de las formas más poderosas de prepararse para la libertad futura. Se trata de conocerte a ti mismo, entender tus emociones, tus debilidades y tus fortalezas, y trabajar en ser una mejor versión de ti mismo. Reflexiona sobre las experiencias del pasado y los errores cometidos, pero hazlo sin juzgarte. Cada error es una oportunidad de aprendizaje, y cada día una nueva oportunidad para crecer.

Practicar la meditación, la respiración profunda, escribir en un diario sobre tus pensamientos y emociones, y dedicar tiempo a la reflexión personal son formas efectivas de trabajar en tu bienestar interior. Cuanto más te conozcas y más en paz estés contigo mismo, más preparado estarás para enfrentar los desafíos del futuro. La resiliencia que construyes ahora será tu mayor aliada cuando recuperes tu libertad.

Educación y Habilidades: Preparándote para una Nueva Vida

El tiempo en prisión también es una oportunidad para educarte y desarrollar habilidades que te serán útiles en el futuro. La educación es una herramienta poderosa que te puede abrir puertas y brindarte oportunidades cuando salgas. Puedes aprender un oficio, mejorar tu educación formal o adquirir conocimientos sobre temas que te interesen. Todo lo que aprendas ahora te ayudará a tener una mejor base para construir una vida exitosa y llena de posibilidades.

Además de la educación formal, es importante trabajar en habilidades prácticas que te sean útiles en el mundo exterior. Esto incluye aprender a manejar tus finanzas, desarrollar habilidades de comunicación efectiva y mejorar tu capacidad para resolver problemas. Estas habilidades no solo te ayudarán a encontrar oportunidades de trabajo, sino que también te permitirán enfrentar la vida con mayor confianza y seguridad.

Fortalece Relaciones Positivas

Las relaciones personales son fundamentales para una vida plena y en libertad. Aprovecha este tiempo para fortalecer tus relaciones con aquellos que te apoyan, que creen en ti y que desean verte triunfar. La comunicación honesta y el respeto son la base de cualquier relación saludable. Reconstruir la confianza con tus seres queridos puede llevar tiempo, pero cada esfuerzo cuenta y puede ser un gran apoyo cuando recuperes tu libertad.

También es importante rodearte de personas que te impulsen a ser mejor, que te motiven a crecer y a seguir adelante. Mantén contacto con aquellas personas que representen una influencia positiva en tu vida y aprende a identificar y alejarte de las influencias negativas que puedan desviarte de tus objetivos. Las relaciones saludables serán clave para tener una vida exitosa y equilibrada después de la prisión.

El Valor del Propósito

Encontrar un propósito es una de las formas más poderosas de construir una base sólida para el futuro. Pregúntate qué es lo que te motiva, qué te llena de energía y qué tipo de contribución quieres hacer en el mundo. Tener un propósito claro te dará una dirección, algo por lo cual trabajar cada día, algo que te impulse a seguir adelante incluso en los momentos difíciles.

Tener un propósito también te ayudará a mantenerte enfocado y evitar caer en viejos patrones negativos. Cuando tienes una meta clara y un propósito que te apasiona, estás más motivado para tomar decisiones que te acerquen a ese objetivo y evitar aquellas que puedan poner en riesgo tu bienestar y libertad. Este propósito se convierte en la brújula que te guiará hacia una vida mejor y más satisfactoria.

CONSIDERACIONES FINALES

La libertad es mucho más que salir de un lugar físico; es la capacidad de vivir una vida plena, en paz y con propósito. Aprovecha el tiempo en prisión para construir una base sólida para tu libertad futura. Trabaja en tu bienestar interior, edúcate, desarrolla habilidades prácticas, fortalece relaciones positivas y encuentra un propósito que te inspire. Todo lo que hagas hoy te ayudará a estar mejor preparado para el momento en que recuperes tu libertad, y te permitirá construir una vida exitosa, llena de oportunidades y libre de las limitaciones del pasado.

~~~

AUTODISCIPLINA Y RUTINA DIARIA POSITIVA: CONSTRUYENDO HÁBITOS SALUDABLES PARA UNA VIDA CON SENTIDO

La autodisciplina es la capacidad de mantener el enfoque y la determinación para alcanzar nuestras metas, incluso cuando las circunstancias son difíciles. En un entorno como la prisión, tener autodisciplina y crear una rutina diaria positiva puede ser la clave para mantener la esperanza, encontrar sentido y fortalecer la mente y el cuerpo. Los hábitos saludables, como el ejercicio diario, la meditación y otras actividades que aporten estructura, nos ayudan a enfrentar mejor los desafíos y a crecer internamente. Hoy quiero hablarte sobre la importancia de la autodisciplina y cómo construir una rutina diaria positiva puede transformar tu vida, incluso en un contexto difícil.

Autodisciplina Como Pilar de la Transformación

La autodisciplina es la capacidad de tomar el control de nuestras acciones y decisiones, y es esencial para cualquier cambio positivo en nuestras vidas. A veces puede parecer más fácil dejarse llevar por la inercia y perder la motivación, especialmente cuando las circunstancias no son ideales. Sin embargo, es precisamente en esos momentos cuando la autodisciplina se convierte en nuestro mayor aliado.

Al desarrollar la autodisciplina, te das la oportunidad de crear una estructura diaria que te permita aprovechar al máximo el tiempo, mantener la mente activa y enfocarte en lo que realmente importa. La autodisciplina te ayuda a establecer hábitos saludables que aporten significado a cada día, que te permitan mejorar poco a poco y que te den un propósito en medio de la adversidad. Es importante recordar que cada pequeño esfuerzo que haces hoy, por mínimo que parezca, te está acercando a la mejor versión de ti mismo.

Crea una Rutina Positiva

Una rutina diaria positiva te brinda estructura y estabilidad, lo cual es fundamental para el bienestar mental y emocional, especialmente en un entorno como la prisión. Tener una rutina establecida te ayuda a mantener el enfoque, a sentir que tienes el control de tu vida y a darle un propósito a cada día. Aquí te comparto algunos hábitos saludables que pueden formar parte de una rutina diaria positiva:

Ejercicio Diario: El ejercicio es una de las mejores formas de cuidar de tu cuerpo y tu mente. No necesitas un gimnasio para hacer ejercicio; puedes hacer rutinas simples, como flexiones, sentadillas o caminatas en el espacio disponible. El ejercicio no solo mejora tu condición física, sino que también te ayuda a liberar tensiones, reducir el estrés y mejorar tu estado de ánimo.

Meditación o Respiración Consciente: La meditación y los ejercicios de respiración consciente son excelentes formas de calmar la mente y reducir la ansiedad. Dedicar unos minutos al día a meditar o concentrarte en tu respiración puede ayudarte a encontrar paz interior, a mantener la calma y a enfrentar los desafíos con una actitud más positiva.

Lectura y Aprendizaje: Mantén tu mente activa aprendiendo algo nuevo cada día. La lectura es una excelente forma de adquirir conocimientos, expandir tu perspectiva y mantener tu cerebro estimulado. Puedes leer sobre temas que te interesen, sobre desarrollo personal o sobre cualquier cosa que te inspire. Aprender algo nuevo cada día te permite crecer y te ayuda a mantener la motivación.

Establecer Metas Diarias: Establecer pequeñas metas para cada día te ayuda a mantener el enfoque y te da una sensación de logro. Estas metas no tienen que ser grandes; pueden ser tan simples como dedicar un tiempo a la lectura, hacer una rutina de ejercicios o reflexionar sobre algo importante. Cada vez que alcanzas una meta, estás fortaleciendo tu autodisciplina y acercándote a tus objetivos más grandes.

Escribir un Diario: Llevar un diario es una forma excelente de reflexionar sobre tus pensamientos y emociones. Te ayuda a conocerte mejor, a entender cómo te sientes y a procesar tus experiencias. Dedicar unos minutos cada día a escribir sobre tus reflexiones, metas y logros es una forma poderosa de mantener una conexión contigo mismo y de dar sentido a cada día.

Importancia de la Constancia

El verdadero poder de la autodisciplina y de una rutina diaria positiva radica en la constancia. No se trata de hacer algo grande una vez, sino de hacer pequeños esfuerzos cada día. La constancia te permite transformar esos pequeños hábitos en un estilo de vida que te fortalezca física, mental y emocionalmente. Mantener una rutina diaria no siempre es fácil, especialmente cuando las circunstancias son difíciles, pero es precisamente en esos momentos cuando más necesitas esa estructura que te ayude a mantenerte firme y enfocado.

Cada día es una nueva oportunidad para mejorar, crecer y dar un paso más hacia el futuro que deseas. Al mantener una rutina positiva y ser constante en tus esfuerzos, estarás construyendo una base sólida para enfrentar cualquier desafío y aprovechar al máximo cada día, incluso en un entorno complicado.

CONSIDERACIONES FINALES

La autodisciplina y una rutina diaria positiva son esenciales para mantener el bienestar físico, mental y emocional, especialmente en un contexto difícil como la prisión. Crear hábitos saludables, como el ejercicio, la meditación, la lectura y la reflexión diaria, te permite darle estructura y significado a cada día, te ayuda a mantener el enfoque y te prepara para enfrentar los desafíos con una mentalidad más fuerte y positiva. Recuerda siempre que cada pequeño esfuerzo cuenta, y que la constancia es la clave para construir una vida con propósito y sentido.

~~

PEQUEÑOS PASOS HACIA EL CAMBIO: MEJORANDO POCO A POCO

Cuando te encuentras en un entorno desafiante como la prisión, la idea de cambiar puede parecer imposible. Las limitaciones del entorno, las barreras y la rutina diaria pueden hacer que el cambio se sienta fuera de alcance. Sin embargo, cualquier gran cambio comienza con un pequeño paso. No necesitas transformar tu vida de la noche a la mañana; bastan pequeños pasos constantes para construir algo diferente y positivo. Hoy hablaremos sobre cómo, a pesar de las dificultades, es posible dar pasos hacia el cambio y comenzar a mejorar tu vida desde ya.

Importancia de los Pequeños Pasos

Es fácil pensar que solo los grandes cambios tienen valor, pero la realidad es que los cambios más duraderos comienzan de forma pequeña. Cada pequeña acción, cada esfuerzo por aprender algo nuevo o reflexionar sobre tus errores, es un paso hacia adelante. Cuando estás en prisión, puede parecer que hay pocas opciones para cambiar, pero los pequeños pasos son una forma poderosa de mantener viva la esperanza y preparar el terreno para un futuro mejor. Lo más importante es recordar que, aunque el entorno sea desafiante, tu actitud y las decisiones que tomas cada día están bajo tu control. Estos pequeños pasos no solo te ayudan a mejorar poco a poco, sino que también te demuestran que eres capaz de tomar las riendas de tu vida, incluso en las circunstancias más difíciles. Lo esencial es que no te desanimes; cada día cuenta y cada pequeño esfuerzo que haces es una semilla plantada para el futuro.

Edúcate y Aprende

Uno de los pasos más importantes hacia el cambio es la educación. No tiene que ser un gran programa de estudios; cada libro que lees y cada cosa nueva que aprendes es un paso hacia un mejor tú. La educación te permite expandir tu perspectiva, comprender más sobre el mundo y prepararte para las oportunidades que vendrán cuando salgas de prisión. Puede ser aprender algo práctico, como una habilidad manual, o simplemente leer sobre temas que te interesen. Todo lo que aprendes te fortalece y te hace más capaz. Además, la educación te ayuda a encontrar un sentido de propósito y te da algo positivo en lo que concentrarte, manteniendo tu mente activa y orientada hacia el crecimiento personal.

Reflexiona Sobre los Errores del Pasado

Otro pequeño paso hacia el cambio es la reflexión. Tomarse el tiempo para pensar sobre el pasado y las decisiones que te llevaron hasta aquí no es para castigarte, sino para aprender. Reflexionar sobre los errores te permite ver cómo podrías actuar de manera diferente en el futuro y ser una mejor versión de ti mismo. Este proceso de reflexión es clave para el crecimiento personal y para asegurarte de que cuando llegue el momento de salir, estarás listo para tomar decisiones que te lleven hacia un futuro más positivo. La reflexión también te ayuda a identificar patrones de comportamiento que te han perjudicado y a trabajar en cambiarlos, evitando así repetir los mismos errores.

Elabora Planes para el Futuro

El entorno puede ser limitado, pero tu mente es infinita. Aprovecha el tiempo para hacer planes para el futuro. Imagina cómo te gustaría que fuera tu vida cuando salgas: reconectar con tu familia, aprender un oficio, o trabajar para ayudar a otros que han estado en situaciones similares. Hacer planes te da un sentido de propósito y algo por lo cual trabajar cada día. Estos planes pueden ser tan simples como mejorar tu salud física o tan ambiciosos como aprender una nueva profesión. La clave es tener algo que te impulse a seguir adelante y te inspire a ser mejor. Hacer planes también te da una visión clara de hacia dónde quieres ir, lo cual es fundamental para mantener la motivación en momentos difíciles.

Celebra los Pequeños Logros

Cada pequeño paso cuenta, y es importante reconocer y celebrar esos logros. Tal vez hoy lograste leer un capítulo de un libro, tuviste una conversación significativa con alguien o simplemente te mantuviste positivo en un momento difícil. Estos pequeños logros suman y son los que, día tras día, hacen la diferencia. Celebrar cada avance, por más pequeño que sea, te mantiene motivado y enfocado en el camino hacia el cambio. Además, celebrar tus logros es una forma de reconocer el esfuerzo que estás poniendo, lo cual te ayuda a mantener una actitud positiva y a seguir adelante con más determinación. Cada logro, por pequeño que sea, es una prueba de que estás avanzando y de que el cambio es posible.

CONSIDERACIONES FINALES

El cambio no siempre ocurre de forma rápida ni espectacular. Muchas veces, el cambio verdadero ocurre poco a poco, de manera gradual. A pesar del entorno desafiante, cada día es una nueva oportunidad para avanzar hacia un futuro mejor. Educarte, reflexionar sobre el pasado, hacer planes para el futuro y celebrar los pequeños logros son formas de empezar ese cambio hoy mismo. Recuerda que, aunque el camino sea difícil, cada esfuerzo que realizas te acerca más a la persona que deseas ser. No importa cuán pequeñas parezcan las acciones, lo importante es seguir adelante con determinación y confianza en que cada esfuerzo suma hacia un futuro más positivo y lleno de oportunidades.

~~

APROVECHA CONSTRUCTIVAMENTE EL TIEMPO EN PRISIÓN. EL TIEMPO ES VIDA

El tiempo es uno de los recursos más valiosos que tenemos. Sin importar las circunstancias, cada momento cuenta y puede ser usado para avanzar. Para quienes se encuentran en prisión, es fácil pensar que el tiempo está detenido, que los días pasan sin sentido y que la vida está en pausa. Sin embargo, la realidad es que el tiempo que pasas en prisión sigue siendo tuyo y tiene un gran valor si decides aprovecharlo. Aunque estés en prisión, ese tiempo sigue siendo vida y puede ser una oportunidad para aprender, reflexionar y trabajar en ti mismo.

El Tiempo como una Oportunidad

Cada día, cada hora y cada minuto que pasas en prisión es una oportunidad de cambio. Es tiempo que puedes utilizar para crecer, conocerte mejor y construir una versión mejorada de ti mismo. Quizás no puedas controlar dónde estás en este momento, pero sí puedes controlar cómo decides usar tu tiempo. En lugar de ver cada día como algo que simplemente hay que soportar, puedes verlo como un regalo: una oportunidad para transformar tu vida desde adentro.

El valor del tiempo radica en lo que hacemos con él. Incluso en las circunstancias más limitadas, siempre hay algo que podemos hacer para avanzar, aunque sea un pequeño paso. Aprovechar el tiempo para aprender, reflexionar sobre el pasado y construir un futuro diferente es la mejor manera de hacer que cada momento en prisión cuente.

Aprende y Crece

Una de las mejores formas de aprovechar el tiempo en prisión es a través del aprendizaje. La educación es una herramienta poderosa que te permite adquirir nuevos conocimientos y expandir tu mente. Puedes aprender a través de libros, cursos o incluso conversando con otros que tienen experiencias diferentes. Aprender una nueva habilidad, un oficio o simplemente algo que siempre te ha interesado es una manera de usar tu tiempo para crecer y prepararte para el futuro.

El aprendizaje no solo te permite adquirir conocimientos prácticos, sino que también te ayuda a construir confianza en ti mismo. Cada cosa nueva que aprendes es un recordatorio de que eres capaz y de que puedes cambiar tu vida. Estar en prisión no tiene por qué ser un tiempo desperdiciado; al contrario, puede ser el momento donde más crezcas, donde más te descubras a ti mismo y donde más te prepares para un futuro mejor.

Reflexiona y Redescúbrete

El tiempo en prisión también es una oportunidad para la reflexión. En el ajetreo de la vida cotidiana, a menudo no tenemos tiempo para detenernos y pensar realmente sobre nuestras decisiones, nuestras acciones y lo que queremos para el futuro. La prisión, aunque es un entorno desafiante, ofrece un espacio para esa reflexión profunda que muchas veces evitamos.

Reflexionar sobre el pasado no se trata de castigarte, sino de aprender. Pregúntate: "¿Qué decisiones me llevaron hasta aquí?" y, más importante, "¿Qué quiero cambiar de ahora en adelante?". Aprovechar este tiempo para conocerte mejor, redescubrir tus valores y definir qué tipo de persona deseas ser es una de las cosas más valiosas que puedes hacer con el tiempo que tienes.

Trabaja en Ti Mismo

El tiempo en prisión también puede ser usado para trabajar en ti mismo. No importa qué circunstancias te llevaron hasta aquí, siempre tienes el poder de decidir quién quieres ser a partir de ahora. Trabajar en ti mismo implica cuidar tu salud física, mental y emocional. Hacer ejercicio, aprender a manejar el estrés, practicar la paciencia, cultivar la empatía y fortalecer tus habilidades sociales son formas en las que puedes crecer y convertirte en una mejor versión de ti mismo.

Cada pequeño esfuerzo cuenta. Hacer ejercicio regularmente te ayuda a sentirte más fuerte y a mantener una mente más clara. Practicar la meditación o dedicar unos minutos a la respiración profunda puede ayudarte a manejar mejor el estrés y la ansiedad. Dedicar tiempo a la escritura o a expresar tus pensamientos y emociones también es una forma poderosa de trabajar en tu bienestar emocional. Todo esto contribuye a que, cuando llegue el momento de salir, estés mejor preparado para enfrentar la vida con una mentalidad positiva y renovada.

CONSIDERACIONES FINALES

El tiempo es vida, y cada momento cuenta, incluso en prisión. A pesar de las circunstancias, el tiempo que pasas en prisión es valioso y puedes decidir usarlo para aprender, reflexionar y trabajar en ti mismo. Cada día es una oportunidad para avanzar, crecer y prepararte para un futuro diferente y mejor. Aunque estés en prisión, tu vida sigue siendo tuya, y el tiempo que tienes es un regalo que puedes usar para construir una versión más fuerte, más sabia y más llena de propósito de ti mismo.

~~~

EN PRISIÓN PUEDES, POCO A POCO, LOGRAR UNA VERSIÓN AVANZADA DE TI MISMO

La prisión puede parecer un lugar donde todo se detiene, donde los sueños quedan en suspenso y el futuro parece incierto. Sin embargo, la verdad es que cada día ofrece la oportunidad de mejorar, de trabajar en uno mismo y de crecer. Con paciencia y esfuerzo, es posible construir una versión avanzada de ti mismo, una versión más fuerte, más sabia y más resiliente. Hoy hablaremos sobre cómo, a pesar de las circunstancias, puedes mejorar cada día desarrollando hábitos positivos y habilidades que te permitan ser mejor.

Mejora Poco a Poco: La Clave es la Paciencia

El cambio verdadero no ocurre de la noche a la mañana; se construye poco a poco, con paciencia y constancia. Cuando estás en prisión, puede ser fácil sentir que el tiempo no pasa o que no hay mucho que puedas hacer para mejorar. Sin embargo, incluso en ese entorno, cada pequeño paso cuenta. Cada vez que eliges hacer algo positivo por ti mismo, que decides aprender algo nuevo o adoptar un hábito saludable, estás construyendo una versión más avanzada de ti.

La clave está en tener paciencia contigo mismo y reconocer que el cambio toma tiempo. Mejorarte a ti mismo no es una carrera; es un proceso continuo que se desarrolla día tras día. Con cada pequeño esfuerzo, te acercas a la versión más fuerte y sabia que deseas ser.

Desarrolla Hábitos Positivos

Uno de los pasos más importantes para mejorar es desarrollar hábitos positivos que te ayuden a crecer. La lectura es una de las mejores formas de hacerlo. Leer te permite aprender cosas nuevas, expandir tu mente y ver el mundo desde diferentes perspectivas. Puedes empezar leyendo sobre temas que te interesen, sobre desarrollo personal, historia o incluso ficción que te inspire. La lectura te ayuda a mantener la mente activa y te recuerda que siempre hay algo nuevo por aprender.

El ejercicio físico también es un hábito positivo que tiene un gran impacto en tu bienestar. No necesitas un gimnasio para cuidar tu cuerpo; con ejercicios sencillos puedes mantenerte en forma y liberar tensiones. El ejercicio no solo mejora tu salud física, sino que también tiene un impacto positivo en tu estado de ánimo, ayudándote a sentirte más fuerte y más en control de tu vida.

Habilidades Emocionales y Sociales

Trabajar en tus habilidades emocionales y sociales también es fundamental para construir una versión avanzada de ti mismo. La prisión es un lugar desafiante, y aprender a manejar las emociones de manera saludable puede marcar una gran diferencia. La paciencia, la empatía y la capacidad de manejar el enojo son habilidades que puedes desarrollar poco a poco. Puedes empezar por aprender a reconocer tus emociones, a entender qué las desencadena y a reaccionar de manera más positiva.

La comunicación es otra habilidad importante. Aprender a comunicarte de manera efectiva, a escuchar a los demás y a expresar tus sentimientos de forma clara y respetuosa te ayudará a construir mejores relaciones con quienes te rodean. Trabajar en estas habilidades emocionales y sociales no solo te ayudará durante el tiempo en prisión, sino que serán herramientas fundamentales para tener éxito cuando recuperes tu libertad.

Cada Pequeño Esfuerzo Cuenta

Es importante recordar que cada pequeño esfuerzo cuenta. No necesitas hacer grandes cambios de inmediato; cada pequeña mejora es un paso hacia adelante. Puede ser tan simple como dedicar unos minutos al día para reflexionar sobre cómo te sientes, practicar la meditación para calmar tu mente o escribir en un diario sobre tus pensamientos y metas. Estos pequeños pasos, cuando se realizan con constancia, tienen el poder de transformar tu vida de manera significativa.

Trabajar en ti mismo requiere esfuerzo, pero ese esfuerzo es la mejor inversión que puedes hacer. Cada día que eliges mejorar, que decides aprender algo nuevo o desarrollar una habilidad, te estás acercando a la versión avanzada de ti mismo que quieres ser.

CONSIDERACIONES FINALES

Aunque estés en prisión, tienes el poder de construir una versión avanzada de ti mismo, poco a poco, con paciencia y esfuerzo. Desarrollar hábitos positivos como la lectura y el ejercicio, trabajar en tus habilidades emocionales y sociales, y reconocer que cada pequeño esfuerzo cuenta, son las claves para mejorar cada día. La prisión no tiene que ser un lugar donde el tiempo se pierde; puede ser un espacio donde encuentres el valor para transformarte, para ser más fuerte, más sabio y más resiliente. Recuerda siempre que cada día es una nueva oportunidad para avanzar y construir una mejor versión de ti.

~~~

CUMPLIR TU SANCIÓN: UN NUEVO COMIENZO CON LIBERTAD Y SIN DEUDAS

El camino que recorres durante tu tiempo en prisión puede ser desafiante, lleno de altibajos, momentos de reflexión y aprendizaje. Pero hay algo muy importante que debes recordar: cuando hayas cumplido tu sanción, habrás saldado tu deuda con la sociedad. Ese es el punto donde el pasado queda atrás y se presenta la oportunidad de comenzar de nuevo, libre de culpas y con la capacidad de escribir un nuevo capítulo en tu vida. Hoy vamos a reflexionar sobre el poder de ese nuevo comienzo y cómo puedes prepararte para aprovechar al máximo esa oportunidad.

Salda la Deuda: Un Nuevo Comienzo

Cuando ingresas en prisión, se establece una deuda con la sociedad. Es un periodo en el que se paga por errores cometidos y se reflexiona sobre el impacto de esas decisiones. Sin embargo, la buena noticia es que esa deuda tiene un final. Al cumplir tu sanción, habrás pagado por lo que hiciste y demostrado tu disposición a enfrentar las consecuencias. Ya no le debes nada a nadie, y ese momento marca el comienzo de una nueva oportunidad.

Es fundamental que recuerdes que el pasado no tiene que definir quién eres en el futuro. Una vez cumplido tu tiempo, tienes el derecho de buscar una nueva vida, de empezar de cero y vivir con dignidad y sin culpas. Esta es la oportunidad para dejar atrás el peso del pasado y construir algo nuevo, algo que refleje la mejor versión de ti.

Libertad para Escribir un Nuevo Capítulo

Salir de prisión significa tener la oportunidad de escribir un nuevo capítulo. Es el momento de decidir qué tipo de vida quieres tener y qué tipo de persona deseas ser. Tienes la capacidad de construir un futuro lleno de significado, y aunque el camino pueda parecer difícil, recuerda que tienes la fuerza y el poder para lograrlo. Cada día es una página en blanco, y tú tienes la pluma en la mano para escribir lo que quieras en ella.

Piensa en las lecciones que has aprendido durante tu tiempo en prisión. Cada momento difícil, cada error y cada reflexión pueden ser la base sobre la cual construyas un futuro diferente y mejor. No permitas que las culpas o los arrepentimientos del pasado te sigan definiendo una vez que hayas cumplido tu sanción. Ese capítulo ha terminado; ahora tienes la libertad de escribir uno nuevo, lleno de esperanza, crecimiento y oportunidades.

Prepárate para el Futuro

El momento de salir de prisión es una nueva oportunidad, pero es importante estar preparado para aprovecharla al máximo. Durante el tiempo que estás cumpliendo tu condena, puedes empezar a prepararte para ese nuevo comienzo. Aprende todo lo que puedas, desarrolla nuevas habilidades, trabaja en tu bienestar emocional y mental, y fortalece tu carácter. Todo lo que hagas hoy te ayudará a estar mejor preparado para el momento en que recuperes tu libertad.

Trabaja en tus relaciones personales, piensa en las personas que quieres tener cerca y en cómo puedes contribuir positivamente a sus vidas. Reconecta con tus valores y define cuáles son tus metas para el futuro. ¿Qué quieres lograr? ¿Cómo deseas contribuir a la sociedad? Estas son preguntas que puedes ir respondiendo para definir el camino que deseas seguir.

Sin Culpa, con Determinación

Una de las cosas más importantes que debes recordar es que, al cumplir tu sanción, tienes el derecho de vivir sin culpa. Cumpliste con lo que la sociedad te pidió, y ahora es momento de enfocarte en ti, en tus sueños y en tu propósito. No permitas que el estigma del pasado te impida avanzar. La culpa y el arrepentimiento pueden ser una carga pesada, pero tú has cumplido con lo que debías, y ahora es momento de liberarte de esa carga y avanzar con determinación.

Camina con la frente en alto, reconociendo que el pasado ya no tiene poder sobre ti. Eres libre para construir una vida diferente, crear oportunidades y demostrarte a ti mismo y a los demás que el cambio es posible. La sociedad te debe esa segunda oportunidad, y tú te la debes a ti mismo.

CONSIDERACIONES FINALES

Cuando cumplas tu sanción, ya no le debes nada a nadie. Has pagado tu deuda con la sociedad, y eso te brinda la oportunidad de comenzar de nuevo, libre de culpas y con la capacidad de escribir un nuevo capítulo en tu vida. Aprovecha cada día que tengas para prepararte para ese nuevo comienzo, y recuerda siempre que el pasado no te define; son tus decisiones de hoy y de mañana las que realmente importan. La vida te ofrece una nueva oportunidad, y tú tienes el poder de aprovecharla al máximo.

~~~

EL PODER DEL PERDÓN Y LA RECONCILIACIÓN: UN CAMINO HACIA LA PAZ INTERIOR

El perdón es una palabra sencilla, pero su poder es inmenso. Perdonar no es fácil, y a veces resulta incluso más difícil perdonarse a uno mismo. Sin embargo, el perdón es un paso crucial hacia la paz interior y la reconstrucción de la propia vida. Para quienes se encuentran en prisión, donde los errores del pasado pesan enormemente en la mente y el corazón, el perdón se convierte en una puerta hacia la libertad emocional. Hoy hablaremos sobre el valor del perdón y la reconciliación, y cómo pueden ayudarte a transformar tu vida desde adentro.

Perdónate a ti mismo

Perdonarse a sí mismo puede ser uno de los actos más difíciles, pero también uno de los más necesarios para avanzar. Todos cometemos errores, pero quedarse atrapado en el arrepentimiento constante no cambia el pasado, solo aumenta el sufrimiento. Perdonarte no significa justificar tus errores, sino aceptar que te equivocaste y que ahora tienes la oportunidad de aprender de esas equivocaciones y ser mejor. Es reconocer tu humanidad y tu capacidad de cambiar y crecer.

Perdonarte te permite liberar esa carga de culpa que llevas contigo. Es el primer paso hacia una nueva versión de ti mismo, una versión dispuesta a aprender, a mejorar y a no dejar que el pasado defina tu futuro. Cada día es una oportunidad para empezar de nuevo, y el perdón es la herramienta que te ayuda a abrir esa puerta.

Perdona a los Demás

Así como es importante perdonarte a ti mismo, también lo es perdonar a los demás. Quizás te hayan hecho daño, sientas que la vida ha sido injusta o que otros te han fallado. Pero el resentimiento y el odio solo aumentan el sufrimiento y te mantienen atrapado en el pasado. Perdonar no significa olvidar ni excusar las acciones de otros, sino liberarte de la carga emocional que esos sentimientos generan. Perdonar a los demás es una manera de liberar tu corazón, de vivir en paz sin que el dolor del pasado te controle.

Perdonar también es un acto de valentía. Requiere fuerza dejar de lado el rencor y permitir que el amor y la compasión ocupen su lugar. Al perdonar, te das a ti mismo el regalo de la tranquilidad. Ya no permites que lo que otros hicieron determine tu paz interior.

Reconciliación como Camino de Sanación

El perdón y la reconciliación están estrechamente relacionados. Reconciliarse no siempre significa restablecer relaciones con quienes te hicieron daño; a veces, la reconciliación es simplemente llegar a un punto de paz con el pasado y con las personas que formaron parte de él. Es aceptar lo que ocurrió, aprender de ello y seguir adelante sin dejar que esas heridas sigan abiertas.

La reconciliación también puede ser contigo mismo. Quizás sientas que te fallaste, que no estuviste a la altura de tus propias expectativas. Reconciliarte contigo implica aceptar tus errores, aprender de ellos y comprometerte a ser mejor en el futuro. Es un acto de amor propio que te permite avanzar con el corazón en paz.

Estrategias para Practicar el Perdón y la Reconciliación

- **Reflexiona Sobre el Dolor:** Para perdonar, primero necesitas reconocer el dolor. Tómate el tiempo para reflexionar sobre lo que sucedió, cómo te hizo sentir y cómo ha impactado tu vida. Reconocer el dolor es el primer paso para soltarlo.

- **Entiende Que Todos Somos Humanos:** Nadie es perfecto, y todos cometemos errores. Entender que incluso quienes nos lastiman pueden estar lidiando con sus propias luchas nos ayuda a ver las cosas desde una perspectiva más compasiva.

- **Libérate del Resentimiento:** El resentimiento es una carga que solo te afecta a ti. Al perdonar, no estás diciendo que lo que sucedió estuvo bien, sino que eliges liberarte de la carga del resentimiento. Permítete soltar el rencor y abrirte a una vida más ligera.

— **Enfócate en el Presente:** El perdón te permite dejar atrás el pasado y enfocarte en el presente. Al soltar el resentimiento, creas espacio para cosas positivas en tu vida. Enfoca tu energía en lo que puedes hacer hoy para ser feliz y crecer.

— **Escribe tus Sentimientos:** Expresar lo que sientes en palabras puede ser liberador. Escribe sobre tus errores, sobre lo que te han hecho y sobre cómo te sientes. Esto te ayudará a procesar esos sentimientos y encontrar liberación.

— **Medita y Reflexiona:** Dedica tiempo a la reflexión tranquila y a conectar contigo mismo. La meditación puede ayudarte a calmar la mente y a encontrar la paz necesaria para perdonar.

— **Habla con Alguien de Confianza:** Compartir lo que sientes con alguien en quien confíes puede ser muy útil. Hablar de tus errores y de tus sentimientos te ayudará a procesarlos y recibir apoyo en el camino del perdón.

Beneficios del Perdón

El perdón mejora nuestro bienestar, reduciendo el estrés y creando paz interior. Nos ayuda a fortalecer relaciones, vivir con actitud positiva y optar por la paz sobre el conflicto. Además, nos libera del pasado y de sentimientos negativos, permitiéndonos avanzar con claridad y propósito.

CONSIDERACIONES FINALES

El perdón y la reconciliación son pasos clave hacia la paz interior y la reconstrucción de tu vida. Perdonarse a uno mismo, perdonar a los demás y reconciliarse con el pasado son actos de valentía que te permiten liberarte del resentimiento y avanzar con ligereza. Aunque estés en un entorno desafiante, el poder del perdón está dentro de ti y puede transformar tu vida. Recuerda que cada día es una nueva oportunidad para elegir la paz, el amor y el crecimiento.

~~

IMPORTANCIA DE LA GRATITUD: ENCONTRAR LUZ EN LOS MOMENTOS DIFÍCILES

La vida está llena de desafíos, especialmente en momentos difíciles como estar en prisión. Es fácil caer en la desesperanza y perder de vista todo lo que aún tenemos, todo aquello por lo que podemos estar agradecidos. Sin embargo, incluso en medio de la adversidad, siempre hay razones para la gratitud. Cultivar ese sentimiento puede transformar nuestra actitud y nuestra manera de enfrentar los problemas. Hoy quiero hablarte sobre la importancia de la gratitud y cómo este poderoso sentimiento puede ayudarte a cultivar una actitud más positiva, incluso en las circunstancias más complicadas.

¿Qué es la Gratitud?

La gratitud es la capacidad de reconocer y apreciar lo bueno que hay en nuestra vida, sin importar cuán pequeño sea. No significa ignorar las dificultades ni pretender que todo está bien, sino enfocar nuestra atención en aquello que nos brinda paz, alegría o consuelo, por pequeño que parezca. La gratitud no es solo decir "gracias", sino sentirlo de verdad, reconocer lo que tenemos y apreciarlo en lo profundo de nuestro corazón.

En un contexto difícil como la prisión, la gratitud puede parecer lejana. Pero la verdad es que siempre hay algo por lo que podemos estar agradecidos: la salud, el apoyo de un ser querido, una conversación significativa, o simplemente el hecho de tener una nueva oportunidad cada día para aprender y crecer. Estos pequeños momentos son los que nos permiten encontrar luz, incluso en los lugares más oscuros.

La Gratitud Como Herramienta de Transformación

Cultivar la gratitud tiene un impacto profundo en nuestra forma de ver la vida y en nuestra actitud. Cuando elegimos enfocarnos en lo que sí tenemos, en lugar de en lo que nos falta, cambiamos nuestra perspectiva y fortalecemos nuestra capacidad de enfrentar la adversidad. La gratitud nos ayuda a ver que, a pesar de los errores y las dificultades, todavía hay cosas valiosas en nuestra vida que merecen ser apreciadas.

La gratitud también nos conecta con los demás. Cuando reconocemos el apoyo recibido y apreciamos la ayuda o las palabras de aliento, fortalecemos nuestras relaciones y generamos un ambiente de reciprocidad. La gratitud crea un círculo positivo que nos permite mantener una actitud más esperanzadora y enfocada en el crecimiento.

Practicando la Gratitud en Momentos Difíciles

Encuentra lo Positivo Cada Día: Cada día tiene algo positivo, aunque sea pequeño. Puede ser un momento de paz, una conversación sincera o el simple hecho de estar vivo y tener una nueva oportunidad. Tómate un momento cada día para reflexionar sobre algo por lo que estás agradecido. Anotar estas cosas en un diario de gratitud puede ayudarte a mantener una actitud más positiva y a recordar lo bueno en tu vida.

Agradece a los Demás: Reconocer el impacto positivo que otras personas tienen en nuestra vida es una forma poderosa de cultivar la gratitud. Puede ser un amigo, un familiar o alguien que te haya brindado apoyo en un momento difícil. Expresar agradecimiento fortalece las relaciones y nos recuerda que no estamos solos.

Aprecia las Pequeñas Cosas: La gratitud no siempre se trata de grandes logros o cosas extraordinarias. Se trata de apreciar las pequeñas cosas: un rayo de sol, el aire fresco, el sabor de una comida sencilla. Cuando aprendemos a apreciar estos pequeños detalles, estamos entrenando nuestra mente para enfocarse en lo positivo y encontrar alegría en lo cotidiano.

Cómo la Gratitud Mejora tu Actitud

Practicar la gratitud tiene un efecto transformador en nuestra actitud. Cuando elegimos ser agradecidos, vemos la vida desde una perspectiva más positiva. La gratitud nos permite enfocarnos en lo que sí tenemos, en lugar de lamentarnos por lo que nos falta. Esta actitud nos da fuerza, nos ayuda a enfrentar los desafíos con mayor serenidad y nos permite mantener la esperanza, incluso en los momentos más oscuros.

La gratitud también reduce el estrés y la ansiedad. Al enfocarnos en lo positivo, disminuimos el poder de los pensamientos negativos y creamos un ambiente mental más saludable. Sentir gratitud nos conecta con el presente, nos ayuda a dejar atrás el peso del pasado y a no preocuparnos tanto por el futuro. Nos permite disfrutar de lo que tenemos hoy y encontrar paz en el momento presente.

CONSIDERACIONES FINALES

La gratitud es una herramienta poderosa para encontrar luz en los momentos difíciles y para cultivar una actitud positiva frente a la adversidad. Aun en un contexto complicado, siempre hay algo por lo que podemos estar agradecidos. Practicar la gratitud nos ayuda a apreciar lo bueno, a conectarnos con los demás y a fortalecer nuestra capacidad de resiliencia. Hoy te invito a tomarte un momento para reflexionar sobre aquello por lo que estás agradecido y a permitir que ese sentimiento de gratitud transforme tu vida, llenándola de esperanza y positividad.

~~~

CÓMO AFRONTAR EL ESTIGMA Y LA DISCRIMINACIÓN: CONSTRUYENDO RESILIENCIA Y CAMINANDO CON DIGNIDAD

Salir de prisión es un momento lleno de esperanza y oportunidades, pero también puede traer consigo una realidad desafiante: el estigma social y la discriminación. Las personas que han cumplido una condena se enfrentan a menudo al juicio de la sociedad, lo cual puede ser un obstáculo para reintegrarse y comenzar de nuevo. Sin embargo, es posible afrontar esta situación de manera resiliente y positiva. Hoy quiero compartir algunas estrategias que pueden ayudarte a enfrentar el estigma y la discriminación, y a caminar hacia un futuro lleno de posibilidades y dignidad.

Reconociendo el Estigma

El estigma social se manifiesta en juicios negativos hacia quienes han estado en prisión, a través de miradas, comentarios hirientes, o dificultades para encontrar empleo o vivienda. Reconocer que el estigma existe es el primer paso para aprender a enfrentarlo. Es importante entender que este juicio proviene de la falta de comprensión y, muchas veces, del miedo. Aunque no siempre puedes cambiar lo que otros piensan, sí puedes cambiar cómo reaccionas y cómo decides enfrentarlo.

El estigma no define quién eres ni lo que puedes lograr. Eres mucho más que los errores del pasado y tienes el poder de cambiar y construir una nueva vida. Al reconocer que el estigma es solo una percepción externa, puedes enfocarte en lo que realmente importa: tu crecimiento personal, tu bienestar y el futuro que deseas para ti y para los tuyos.

Construye Resiliencia Emocional

Una de las claves para enfrentar el estigma y la discriminación es construir resiliencia emocional. La resiliencia te permite mantenerte fuerte ante las adversidades y seguir adelante a pesar de los obstáculos. Esto incluye aprender a gestionar las emociones negativas que puedan surgir al enfrentar el rechazo.

Una forma efectiva de construir resiliencia es recordar todo lo que ya has superado. Piensa en los desafíos que has enfrentado y en la fortaleza que has demostrado. Cada obstáculo superado es prueba de tu capacidad para adaptarte y seguir adelante. Enfocarte en tu capacidad para superar dificultades te fortalecerá para enfrentar el estigma con una actitud positiva y determinada.

Rodéate de Personas que Te Apoyen

El apoyo de personas que creen en ti puede marcar una gran diferencia en tu proceso de reintegración. Rodéate de amigos, familiares y organizaciones que te impulsen a seguir adelante. Estas personas pueden ofrecerte palabras de aliento, guiarte en momentos difíciles y ayudarte a mantener una perspectiva positiva.

Busca grupos de apoyo o comunidades que trabajen con personas en situaciones similares. Estas organizaciones suelen estar formadas por personas que entienden por lo que estás pasando y pueden ofrecerte recursos y apoyo emocional. Rodearte de personas que te entienden y te apoyan puede ser una gran fuente de fuerza para enfrentar el estigma y seguir adelante con confianza.

Enfócate en lo que Puedes Controlar

No puedes controlar lo que los demás piensan de ti, pero sí puedes controlar cómo reaccionas y cómo decides actuar. En lugar de enfocarte en el juicio de los demás, enfócate en lo que puedes hacer para mejorar tu situación y construir la vida que deseas. Esto incluye trabajar en tu desarrollo personal, aprender nuevas habilidades, encontrar un empleo y mantener una actitud positiva.

Demuestra con acciones que has cambiado y que estás comprometido con un nuevo comienzo. A veces, la mejor forma de combatir el estigma es con hechos: mostrando con tus decisiones y tu comportamiento que eres una persona diferente y que estás dispuesto a contribuir positivamente a la sociedad.

No Te Definas por el Estigma

El estigma puede hacerte sentir que no vales lo suficiente o que no tienes la capacidad de cambiar, pero esa es una percepción equivocada. No te definas por los errores del pasado ni por las opiniones negativas de los demás. Eres más que tus errores y tienes el poder de decidir quién quieres ser a partir de ahora.

Recuerda siempre que eres una persona con valor, con talentos y con la capacidad de hacer una diferencia. Cada día es una oportunidad para crecer, para aprender y para construir una vida digna. No permitas que el estigma limite tu potencial ni que te haga dudar de lo que puedes lograr. Enfócate en tus fortalezas, en lo que has aprendido y en el futuro que deseas crear.

CONSIDERACIONES FINALES

Afrontar el estigma y la discriminación al salir de prisión no es fácil, pero es posible hacerlo de manera resiliente y positiva. Reconoce que el estigma no define quién eres ni lo que puedes lograr. Construye resiliencia emocional, rodéate de personas que te apoyen, enfócate en lo que puedes controlar y no permitas que el juicio de los demás limite tu potencial. Tú tienes el poder de escribir una nueva historia y de demostrar que el cambio es posible. Camina con la frente en alto, con dignidad y con la convicción de que eres mucho más que tu pasado.

*** ~~~ ***

MANEJO DEL ESTRÉS Y LA ANSIEDAD: ESTRATEGIAS PARA ENCONTRAR LA CALMA EN MOMENTOS DIFÍCILES

La vida en prisión puede ser una experiencia profundamente estresante. Las restricciones, la incertidumbre sobre el futuro, la soledad y los desafíos diarios pueden provocar altos niveles de ansiedad. Sin embargo, incluso en medio de estas circunstancias, es posible encontrar formas de manejar el estrés y recuperar un sentido de calma. Hoy quiero compartir algunas estrategias efectivas para manejar el estrés y la ansiedad mientras estás en prisión, utilizando técnicas como la respiración profunda, la meditación, el ejercicio y el mindfulness.

Comprendiendo el Estrés y la Ansiedad

El estrés y la ansiedad son respuestas naturales a situaciones difíciles. Cuando estamos bajo presión, nuestro cuerpo reacciona con una respuesta de "lucha o huida". Sin embargo, cuando estas respuestas se activan constantemente, pueden afectar nuestro bienestar físico y mental. Sentir estrés o ansiedad no es un signo de debilidad, sino una reacción natural a un entorno desafiante.

Lo importante es aprender a manejar estas emociones para reducir su impacto y mantener una mente más clara y enfocada.

Técnicas para Manejar el Estrés y la Ansiedad

Respiración Profunda: Es una de las técnicas más efectivas para reducir el estrés. Cuando estamos estresados, nuestra respiración se vuelve rápida y superficial. Practicar la respiración profunda permite calmar el sistema nervioso y enviar una señal al cerebro de que todo está bien.

Cómo practicarla:

– Encuentra un lugar tranquilo y siéntate cómodamente.

– Inhala profundamente por la nariz durante 4 segundos, retén el aire 4 segundos y exhala lentamente por la boca durante 6-8 segundos.

– Repite este ciclo varias veces mientras te concentras en el ritmo de tu respiración.

Meditación: Ayuda a calmar la mente y a enfocarse en el presente. No requiere mucho tiempo ni equipo especial; solo necesitas unos minutos al día para encontrar paz interior.

Cómo empezar:

- Siéntate en un lugar silencioso, cierra los ojos y enfócate en tu respiración.

- Si tu mente comienza a divagar, vuelve a centrarte en la respiración.

- Comienza con sesiones cortas de 5-10 minutos y aumenta el tiempo gradualmente.

Ejercicio Físico: Libera endorfinas, las "hormonas de la felicidad", que ayudan a reducir el estrés y a mejorar el ánimo.

Opciones prácticas en prisión:

- Realiza ejercicios como flexiones, sentadillas, abdominales o caminar en espacios disponibles.

- Dedica entre 20 y 30 minutos diarios a una rutina física simple para sentir sus beneficios.

Mindfulness: Consiste en prestar atención plena al presente sin juzgarlo, ayudándote a reducir la ansiedad al enfocarte en el "aquí y ahora".

Cómo integrarlo en tu día:

- Concéntrate en las sensaciones físicas, los sonidos a tu alrededor o el sabor de tus alimentos.

- La clave es estar plenamente presente en lo que haces, sin distracciones.

Crea una Rutina para Reducir el Estrés

Incorporar estas técnicas en una rutina diaria te da un sentido de control y estructura, fundamentales para tu bienestar emocional. Puedes empezar el día con ejercicios de respiración o meditación, dedicar tiempo al ejercicio físico y practicar mindfulness a lo largo del día. La constancia es clave para notar los efectos positivos en tu estado de ánimo y bienestar general.

CONSIDERACIONES FINALES

El estrés y la ansiedad son respuestas naturales, pero no tienen que controlar tu vida. Con técnicas como la respiración profunda, la meditación, el ejercicio y el mindfulness, puedes manejar estas emociones y encontrar un estado de calma, incluso en un entorno desafiante como la prisión. Crear una rutina diaria que incluya estas prácticas te ayudará a reducir el impacto del estrés, fortalecer tu mente y mantener una actitud positiva. Aunque no puedas cambiar tus circunstancias actuales, sí puedes decidir cómo enfrentarlas.

~~~

IMPORTANCIA DE LA EDUCACIÓN Y DEL APRENDIZAJE CONTINUO: UN MOTOR DE CAMBIO Y OPORTUNIDADES

La educación tiene el poder de transformar vidas y abrir puertas a nuevas oportunidades, especialmente cuando se trata de empezar de nuevo. No importa en qué etapa de la vida estés, el aprendizaje continuo puede ser una herramienta poderosa para el cambio personal y para construir un futuro mejor. Hoy quiero hablarte sobre la importancia de la educación, tanto formal como informal, y cómo puede ser un motor de cambio en tu vida, ayudándote a abrir nuevas puertas y descubrir nuevas posibilidades.

La Educación Como una Herramienta de Transformación

La educación va más allá de lo que se aprende en un aula o de obtener un diploma. Es una herramienta que nos permite comprender mejor el mundo, desarrollar habilidades y encontrar nuevas formas de resolver problemas. La educación cambia nuestra forma de pensar, nos ayuda a tomar mejores decisiones y a tener una vida más plena.

Para aquellos que han pasado tiempo en prisión, la educación puede ser el puente hacia una nueva vida. Aprender una nueva habilidad, obtener un diploma o simplemente adquirir conocimiento en un área de interés puede marcar la diferencia al momento de reintegrarse a la sociedad. La educación te da la confianza de saber que tienes algo valioso que aportar, lo cual es fundamental para construir una nueva versión de ti mismo.

Beneficios del Aprendizaje Continuo

El aprendizaje no tiene límites de edad ni condiciones; siempre hay algo nuevo por aprender. Estos son algunos de los beneficios del aprendizaje continuo:

- **Amplia Oportunidades Laborales:** El conocimiento y las habilidades adquiridas a través de la educación abren nuevas oportunidades laborales. Aprender un oficio, desarrollar una habilidad técnica o completar estudios académicos puede ayudarte a encontrar empleo y construir una vida estable. A menudo, aprender nuevas habilidades te hace más competitivo y te brinda acceso a trabajos que antes parecían fuera de tu alcance.

- **Desarrolla Confianza y Autoestima:** El aprendizaje no solo te proporciona conocimiento, sino que también aumenta tu confianza. Al aprender algo nuevo, te das cuenta de que eres capaz de superar desafíos y adquirir habilidades que antes no tenías. Esta confianza es clave para enfrentar los retos con valentía y para tener la seguridad de que puedes lograr tus metas.

- **Permite Adaptarse al Cambio:** El mundo cambia constantemente, y la capacidad de adaptarse a esos cambios es fundamental para tener éxito. La educación y el aprendizaje continuo te permiten mantenerte actualizado y adaptarte a las nuevas demandas del mercado laboral y de la sociedad. Cuanto más aprendes, más preparado estás para enfrentar el cambio y aprovechar nuevas oportunidades.

- **Mejora Habilidades Sociales y de Comunicación:** La educación no solo se trata de conocimientos técnicos; también te ayuda a desarrollar habilidades sociales y de comunicación. A través del aprendizaje, mejoras tu capacidad para expresar ideas, escuchar a los demás y relacionarte de manera efectiva. Estas habilidades son esenciales para construir relaciones saludables y tener éxito en cualquier ámbito.

Opciones de Educación y Aprendizaje Continuo

La educación no siempre tiene que ser formal. Hay muchas formas de aprender y seguir creciendo, incluso si no tienes acceso a una escuela o universidad. Aquí te comparto algunas opciones para seguir aprendiendo:

- **Programas Educativos en Prisión:** Muchas prisiones ofrecen programas educativos, desde clases básicas hasta formación profesional. Participar en estos programas es una excelente manera de aprovechar el tiempo y prepararte para el futuro. Si tienes la oportunidad, inscríbete en cursos que te interesen o que sean útiles para tus metas futuras.

- **Lectura y Autoaprendizaje:** La lectura es una herramienta poderosa para aprender. Puedes encontrar libros sobre una gran variedad de temas, desde habilidades prácticas hasta desarrollo personal. Leer te permite aprender a tu ritmo y explorar temas que sean de tu interés. Además, el autoaprendizaje a través de libros, revistas o incluso videos educativos puede ser una manera efectiva de seguir creciendo.

- **Cursos en Línea:** Si tienes acceso a internet, los cursos en línea son una excelente manera de aprender. Existen plataformas que ofrecen cursos gratuitos o de bajo costo sobre una gran variedad de temas, desde habilidades técnicas hasta desarrollo personal. Aprovechar estos recursos puede ayudarte a adquirir competencias útiles para cuando te reintegres a la sociedad.

Compromiso con el Aprendizaje

El aprendizaje continuo requiere compromiso y perseverancia. Puede ser difícil o frustrante, especialmente cuando no ves resultados inmediatos, pero cada pequeño paso te acerca más a tus metas. Comprométete contigo mismo a aprender algo nuevo cada día, ya sea a través de la lectura, la participación en un curso o simplemente hablando con alguien que tenga conocimientos que tú no tienes.

Aprender no solo te ayudará a construir una vida mejor para ti, sino que también te permitirá ser un ejemplo para los demás, para aquellos que están a tu alrededor y también buscan un cambio. El aprendizaje es una herramienta poderosa para transformar no solo tu vida, sino también el entorno en el que te encuentras.

CONSIDERACIONES FINALES

La educación y el aprendizaje continuo son motores de cambio y oportunidades. No importa en qué punto de la vida te encuentres, siempre hay algo nuevo que aprender y siempre hay una oportunidad para crecer. Aprovecha cada momento para aprender, ya sea de manera formal o informal, y comprométete a ser la mejor versión de ti. El aprendizaje es la llave que abrirá nuevas puertas y te permitirá construir el futuro que deseas.

~~~

HABILIDADES PARA LA VIDA Y EL TRABAJO POST-PRISIÓN: CONSTRUYENDO UN FUTURO PRODUCTIVO Y MOTIVADOR

Salir de prisión marca el inicio de una nueva etapa llena de oportunidades y retos. Para tener éxito en la reintegración a la sociedad, es fundamental adquirir habilidades prácticas tanto para la vida cotidiana como para el ámbito laboral. Estas habilidades no solo te permitirán ser más independiente y productivo, sino que también te ayudarán a construir un futuro con propósito y estabilidad. Hoy quiero hablarte sobre las habilidades para la vida y el trabajo que pueden ayudarte a dar los primeros pasos hacia una nueva vida y a visualizar un futuro más productivo y motivador.

Habilidades para la Vida Cotidiana

Adaptarse a la vida fuera de prisión puede ser un reto, pero hay habilidades prácticas que pueden ayudarte a ser más independiente y a tener éxito. Algunas de estas habilidades son:

- **Manejo del Dinero y Finanzas Personales:** Aprender a gestionar el dinero es esencial para vivir de manera independiente y evitar problemas económicos. Esto incluye aprender a presupuestar, ahorrar y administrar tus ingresos de forma efectiva. Crear un presupuesto mensual te ayudará a controlar tus gastos y a ahorrar para el futuro. Conocer conceptos básicos sobre ahorro, manejo de deudas y evitar gastos innecesarios es una habilidad clave.

- **Toma de Decisiones:** Tomar decisiones acertadas es una habilidad crucial para enfrentar la vida diaria. Esto implica evaluar las opciones disponibles, considerar las consecuencias y tomar la mejor decisión para tu bienestar. La toma de decisiones es clave para construir una vida estable y para evitar recaer en viejos patrones negativos.

- **Resolución de Problemas:** Los desafíos son parte de la vida diaria, y la capacidad de resolver problemas de manera efectiva es fundamental para superarlos. Esta habilidad implica analizar la situación, buscar alternativas y elegir la mejor solución. Mantener una actitud proactiva y enfocarte en soluciones en lugar de problemas te ayudará a enfrentar mejor los desafíos y a avanzar con confianza.

- **Comunicación Efectiva:** La comunicación es esencial para construir relaciones saludables y desenvolverte bien en cualquier entorno. Aprender a expresarte claramente, a escuchar con atención y a respetar las opiniones de los demás te ayudará a establecer relaciones positivas con tus seres queridos, compañeros de trabajo y empleadores. Además, la comunicación efectiva también te permitirá resolver conflictos de manera pacífica y constructiva.

Habilidades para el Trabajo

El ámbito laboral es uno de los aspectos más importantes para una reintegración exitosa. Tener un empleo no solo te proporcionará ingresos, sino que también te dará un sentido de propósito. Algunas habilidades clave para conseguir y mantener un trabajo incluyen:

- **Habilidades Técnicas:** Las habilidades técnicas son necesarias para desempeñar un trabajo específico. Aprender un oficio o desarrollar competencias técnicas te permitirá acceder a nuevas oportunidades laborales. Algunas habilidades técnicas que podrías considerar son la carpintería, la electricidad, la reparación de maquinaria, la jardinería o la cocina. Muchas de estas habilidades se pueden aprender mediante cursos y talleres, incluso desde prisión.

- **Habilidades de Búsqueda de Empleo:** Buscar empleo puede ser un proceso desafiante, pero existen habilidades que te ayudarán a ser más efectivo. Aprende a redactar un currículum que destaque tus habilidades y experiencia, practica entrevistas laborales y desarrolla una actitud positiva. La búsqueda de empleo también implica ser perseverante; no te desanimes ante los rechazos, sigue buscando hasta encontrar la oportunidad adecuada para ti.

– **Trabajo en Equipo:** La capacidad de trabajar en equipo es una habilidad muy valorada en cualquier entorno laboral. Trabajar en equipo implica colaborar, respetar diferentes puntos de vista y contribuir al logro de objetivos comunes. Mostrar una actitud de respeto y disposición para ayudar es clave para crear un buen ambiente de trabajo y para destacar como empleado.

– **Gestión del Tiempo y Responsabilidad:** Ser puntual y cumplir con las responsabilidades asignadas es fundamental para mantener un empleo. La gestión del tiempo implica organizar tus actividades diarias para cumplir con tus compromisos sin sentirte abrumado. Ser responsable y cumplir con tus tareas te ayudará a ganar la confianza de tus empleadores y a mantener la estabilidad laboral.

Prepararse para un Futuro con Esperanza

Adquirir habilidades para la vida y el trabajo no solo te permitirá tener una mejor calidad de vida, sino que también aumentará tu confianza y te ayudará a visualizar un futuro lleno de oportunidades. Aprovecha el tiempo en prisión para aprender todo lo que puedas, ya sea a través de programas educativos, talleres, o incluso del conocimiento de otros compañeros. Cada habilidad que desarrolles te acercará más a la vida que deseas cuando recuperes tu libertad.

No importa cuán difícil haya sido el pasado; siempre hay un camino hacia adelante si decides tomarlo. Trabaja en tu desarrollo personal, sigue aprendiendo y prepárate para aprovechar las oportunidades que vendrán. Con habilidades para la vida y el trabajo, podrás enfrentar el futuro con más seguridad y determinación, y construir una vida plena y con propósito.

CONSIDERACIONES FINALES

Las habilidades para la vida cotidiana y el trabajo son fundamentales para una reintegración exitosa tras salir de prisión. Aprender a manejar el dinero, tomar decisiones acertadas, resolver problemas y comunicarse efectivamente son claves para la vida diaria, mientras que desarrollar habilidades técnicas, buscar empleo y trabajar en equipo son esenciales para el ámbito laboral. Recuerda siempre que cada habilidad que adquieras te permitirá construir un futuro mejor y que el esfuerzo que pongas hoy te acercará a la vida que deseas para mañana.

~~~

DESARROLLO DE HABILIDADES SOCIALES Y DE COMUNICACIÓN: LA CLAVE PARA REINTEGRARSE CON ÉXITO

Reintegrarse a la sociedad después de un periodo en prisión es un desafío que va más allá de encontrar un trabajo o reconstruir la vida cotidiana. Implica la capacidad de interactuar con otras personas, construir relaciones saludables y ser parte activa de la comunidad. Para lograr esto, es fundamental desarrollar habilidades sociales y de comunicación que te permitan conectar con los demás de una manera positiva y genuina. Hoy quiero compartirte algunas estrategias para mejorar tus habilidades sociales y de comunicación, y cómo estas pueden ser la clave para una reintegración exitosa y para construir relaciones significativas.

Importancia de las Habilidades Sociales y de Comunicación

Las habilidades sociales nos permiten relacionarnos de manera efectiva con quienes nos rodean. Incluyen la capacidad de escuchar, expresar pensamientos y emociones claramente, empatizar y resolver conflictos pacíficamente. Estas habilidades son esenciales no solo para mantener buenas relaciones, sino también para desenvolverse en el ámbito laboral y para ser parte activa de la comunidad.

La comunicación efectiva, por otro lado, es la base de todas las relaciones humanas. Saber cómo expresar tus ideas de manera clara y respetuosa, así como escuchar y entender a los demás, es fundamental para conectar y establecer relaciones positivas. La comunicación efectiva te ayudará a evitar malentendidos, resolver conflictos y demostrar tu respeto y compromiso hacia los demás.

Estrategias para Desarrollar Habilidades Sociales y de Comunicación

- **Practica la Escucha Activa:** La escucha activa va más allá de oír palabras; se trata de entender lo que realmente está comunicando la otra persona, tanto con sus palabras como con su lenguaje corporal. Escuchar activamente significa concentrarse, evitar interrumpir y hacer preguntas para demostrar interés. **Consejo práctico:** Mantén contacto visual, asiente con la cabeza y haz preguntas que demuestren que estás prestando atención. Esto hará que la otra persona se sienta valorada y fortalecerá la relación.

- **Expresa tus Sentimientos y Necesidades Claramente:** Para una comunicación efectiva, es esencial expresar tus sentimientos y necesidades de manera clara y asertiva. Esto significa ser honesto sin ser agresivo. La asertividad te permite expresar lo que piensas o sientes sin causar conflicto, mientras respetas a los demás. **Consejo práctico:** Usa el lenguaje "yo" para expresar tus sentimientos. Por ejemplo, di "me siento frustrado cuando sucede esto" en lugar de "tú siempre haces esto mal". Así evitas que la otra persona se sienta atacada y facilitas una conversación abierta.

- **Practica la Empatía:** La empatía es la capacidad de ponerse en el lugar del otro y entender cómo se siente. Ser empático te ayudará a conectar mejor con los demás y a construir relaciones significativas. **Consejo práctico:** Cuando alguien te comparta un problema o un sentimiento, intenta ponerte en su lugar. Puedes usar frases como "entiendo que esto debe ser difícil para ti" para hacer que la otra persona se sienta comprendida y apoyada.

- **Practica la Resolución de Conflictos:** Los conflictos son inevitables, pero la manera en que los manejas puede marcar la diferencia. Aprender a resolver conflictos de manera pacífica y constructiva es una habilidad social esencial. Esto implica escuchar, buscar puntos en común y encontrar soluciones beneficiosas para ambas partes. **Consejo práctico:** En lugar de tratar de ganar una discusión, enfócate en resolver el problema. Pregunta: "¿Cómo podemos solucionar esto juntos?" y busca una solución que funcione para ambos.

- **Trabaja en tu Lenguaje Corporal:** La comunicación no es solo verbal; el lenguaje corporal, las expresiones faciales y el tono de voz también transmiten mensajes. Asegúrate de que tu lenguaje corporal sea coherente con lo que estás diciendo. **Consejo práctico:** Mantén una postura abierta, evita cruzar los brazos y haz contacto visual para mostrar interés y confianza. Sonreír y usar un tono de voz calmado también creará un ambiente positivo durante la conversación.

Práctica Diaria y Reflexión

Desarrollar habilidades sociales y de comunicación requiere práctica diaria y reflexión. No te desanimes si al principio te resulta difícil. Cada interacción es una oportunidad para aprender y mejorar. Reflexiona sobre cómo te comunicaste en una situación determinada y piensa qué podrías hacer de manera diferente la próxima vez.

Observa a personas que consideres buenos comunicadores. Aprende cómo se expresan, cómo escuchan y cómo resuelven conflictos. Modelar estos comportamientos te ayudará a desarrollar tus propias habilidades y a ser más efectivo en tus interacciones.

CONSIDERACIONES FINALES

El desarrollo de habilidades sociales y de comunicación es clave para una reintegración exitosa. Practicar la escucha activa, aprender a expresar tus sentimientos asertivamente, practicar la empatía, resolver conflictos y cuidar tu lenguaje corporal te ayudará a construir relaciones más saludables y significativas. La comunicación efectiva no solo te ayudará en el ámbito personal, sino también en el laboral y en tu comunidad, permitiéndote tener una vida más plena y conectada con los demás.

~~

VALOR DE LA CONTRIBUCIÓN Y EL SERVICIO: ENCONTRANDO PROPÓSITO A TRAVÉS DEL APOYO A LOS DEMÁS

Uno de los mayores desafíos que enfrentan las personas en prisión es el sentimiento de falta de propósito y de conexión con la comunidad. El ambiente puede ser aislante, y es fácil pensar que no hay nada valioso que uno pueda aportar. Sin embargo, incluso desde dentro de la prisión, cada persona tiene la capacidad de contribuir y ser una fuente de apoyo para los demás. Hoy quiero hablarte sobre el valor de la contribución y del servicio a los demás, y cómo esto puede dar sentido y propósito a tu vida, incluso en un contexto desafiante.

El Poder de la Contribución

Contribuir a la comunidad y ayudar a los demás son formas poderosas de darle propósito a nuestra vida. La contribución nos conecta con los demás y nos permite sentir que somos parte de algo más grande, que nuestra vida tiene un valor y un impacto positivo. A veces pensamos que contribuir solo es posible desde fuera de la prisión, pero hay muchas maneras de apoyar a los demás, incluso en un ambiente cerrado.

Ayudar a otra persona, ya sea compartiendo conocimientos, brindando palabras de ánimo o simplemente escuchando, crea un impacto positivo tanto en la vida de esa persona como en la tuya propia. La contribución genera satisfacción, pertenencia y propósito. Es una manera de transformar una situación difícil en una oportunidad para crecer y marcar la diferencia.

Formas de Contribuir Desde la Prisión

- **Apoyo Emocional a Compañeros:** A veces, la mejor manera de ayudar es estar presente y ser un apoyo emocional. La prisión puede ser un lugar solitario, y muchas personas pasan por momentos de angustia o desesperanza. Ser una fuente de apoyo para quienes lo necesitan, escuchar sin juzgar y brindar palabras de ánimo puede tener un impacto profundo en la vida de los demás.

- **Compartir Conocimientos:** Todos tenemos algo único que podemos compartir. Tal vez tienes conocimientos en jardinería, carpintería o incluso matemáticas o lectura que podrías enseñar a otros. Compartir tus habilidades no solo ayuda a otros a crecer, sino que también te da un sentido de propósito y satisfacción personal.

- **Participar en Actividades Comunitarias:** Muchas prisiones ofrecen programas o actividades comunitarias. Estos programas involucran a los reclusos en actividades que beneficien tanto a la comunidad interna como, en algunos casos, a la comunidad externa. Participar en estos programas te permite contribuir de manera tangible y sentirte parte de algo positivo.

- **Apoyo en Tareas y Responsabilidades Cotidianas:** Dentro de la prisión, existen tareas cotidianas que contribuyen al bienestar de todos. Participar activamente en mantener un espacio limpio y ordenado, ayudar en la cocina o colaborar en otras actividades diarias es una forma de servir a la comunidad y aportar al bienestar colectivo.

Beneficios de Contribuir a los Demás

Contribuir a los demás tiene muchos beneficios, tanto para quien recibe la ayuda como para quien la brinda. Al servir a otros, te enfocas en lo positivo y en lo que puedes hacer, en lugar de enfocarte en las limitaciones. Este cambio de enfoque reduce el estrés y la ansiedad, y te permite sentirte útil y conectado.

La contribución también te ayuda a desarrollar habilidades sociales y emocionales, como la empatía, la comunicación y la paciencia. Estas habilidades son fundamentales para la reintegración en la sociedad, ya que te ayudarán a construir relaciones más saludables y a desenvolverte mejor en diferentes contextos. Además, ayudar a otros te da la oportunidad de ser una influencia positiva y demostrar que, a pesar de los errores del pasado, puedes hacer el bien y marcar una diferencia.

Encontrando Propósito y Sentido de Pertenencia

Contribuir a la comunidad genera un sentido de pertenencia. Cuando ayudas a los demás, te das cuenta de que eres parte de algo más grande, que tu vida tiene un impacto y que puedes marcar la diferencia. Este sentido de pertenencia te da un propósito, algo por lo cual trabajar cada día, algo que te motiva a ser mejor y seguir adelante.

Contribuir también te permite cambiar la narrativa sobre ti mismo. En lugar de enfocarte en los errores del pasado, puedes enfocarte en el bien que estás haciendo ahora. Este cambio de enfoque es fundamental para construir una nueva identidad y para tener la confianza de que puedes reintegrarte a la sociedad de manera positiva y significativa.

CONSIDERACIONES FINALES

El valor de la contribución y el servicio a los demás es inmenso. Aun en un entorno desafiante como la prisión, siempre hay formas de ayudar, apoyar y marcar la diferencia. Contribuir te permite encontrar un propósito, reducir el estrés, desarrollar habilidades y sentirte parte de algo más grande. Hoy te invito a buscar maneras de contribuir a la comunidad, ser una fuente de apoyo para los demás y encontrar en el servicio un sentido de pertenencia y un propósito para tu vida.

~~

RECONSTRUCCIÓN DE RELACIONES CON SERES QUERIDOS: SANANDO LAZOS Y VOLVIENDO A CONECTAR

La vida en prisión no solo afecta al individuo que está cumpliendo la condena, sino también a sus seres queridos: padres, hijos, parejas, hermanos y amigos. Las relaciones pueden volverse tensas o incluso romperse debido al dolor, la distancia y los desafíos que surgen durante este periodo. Sin embargo, siempre existe la posibilidad de sanar y reconstruir esos lazos. La reintegración en la sociedad no solo se trata de encontrar trabajo y adaptarse al entorno, sino también de volver a conectarse con la familia y los amigos. Hoy quiero hablarte sobre cómo trabajar para sanar las relaciones dañadas y construir una nueva base de amor y apoyo con tus seres queridos.

Comprender el Dolor de los Demás

El primer paso para reconstruir relaciones es reconocer el impacto que tu ausencia ha tenido en la vida de tus seres queridos. Ellos también han sufrido, experimentando tristeza, enojo o incluso confusión. Reconocer y validar estos sentimientos es fundamental para iniciar el proceso de reconstrucción.

Muestra empatía y ponte en el lugar de los demás para entender su dolor. Reconocer el sufrimiento que han experimentado ayudará a abrir la puerta al diálogo y a la sanación mutua. Este acto de comprensión fortalecerá la conexión y facilitará un terreno común para trabajar en la reconciliación.

Comunicación Abierta y Humildad

La comunicación abierta es clave para reconstruir cualquier relación. Habla honestamente sobre tus sentimientos, tus arrepentimientos y tus deseos para el futuro. Pedir perdón puede ser difícil, pero es un paso necesario para sanar el daño que hayas causado.

Escuchar es tan importante como hablar. Estar dispuesto a escuchar sin interrumpir ni justificar tus acciones les mostrará a tus seres queridos que valoras sus emociones y opiniones. Esto creará un ambiente de confianza y comprensión mutua que facilitará la reconstrucción de la relación.

Tiempo y Paciencia: Respetar el Proceso

Las relaciones no se reconstruyen de la noche a la mañana. Es posible que tus seres queridos necesiten tiempo para sanar y adaptarse a los cambios. La paciencia es clave para demostrar tu compromiso con el proceso. No te desanimes si no ves resultados inmediatos; la constancia y la sinceridad a lo largo del tiempo son esenciales.

Habrá altibajos en el camino hacia la reconciliación. Lo importante es no rendirse y seguir mostrando disposición para mejorar la relación. Los pequeños gestos, como un mensaje, una carta o simplemente estar presente, pueden marcar una gran diferencia.

Restaurar la Confianza

La confianza es fundamental en cualquier relación y, si se ha perdido, debe ser reconstruida con acciones concretas. La confianza se gana día a día, con constancia y coherencia. Cumple tus promesas y evita hacer compromisos que no puedas cumplir. Demuestra con hechos que estás comprometido con el cambio y que quieres recuperar la confianza de tus seres queridos.

Crear Nuevas Experiencias Juntos

Una de las mejores formas de fortalecer una relación es crear nuevas experiencias positivas juntos. Una vez que recuperes tu libertad, busca maneras de pasar tiempo de calidad con tus seres queridos, como compartir una comida, dar un paseo o simplemente conversar.

Estas nuevas experiencias ayudarán a dejar atrás el dolor del pasado y a crear recuerdos positivos. Pasar tiempo juntos permitirá que todos se redescubran y reforzará la conexión emocional, demostrando tu compromiso con estar presente y ser una parte significativa de sus vidas.

CONSIDERACIONES FINALES

La reconstrucción de relaciones con seres queridos después de un periodo de prisión es un proceso complejo, pero posible. Con empatía, comunicación abierta, paciencia y disposición para el cambio, es posible sanar las heridas del pasado y crear una base sólida para el futuro. La confianza se reconstruye con acciones, y los pequeños gestos de amor y comprensión pueden marcar una gran diferencia. La reintegración también implica volver a conectarte con quienes te aman, y nunca es tarde para empezar a sanar esos lazos.

*** ~~~ ***

CÓMO MANTENER LA MOTIVACIÓN A LARGO PLAZO: ENFÓCATE EN TU FUTURO Y EVITA RECAER EN HÁBITOS DEL PASADO

Salir de prisión marca un nuevo comienzo lleno de oportunidades para construir una vida mejor. Sin embargo, también implica enfrentarse a desafíos que pondrán a prueba tu motivación y tu capacidad de mantener el enfoque. Mantener la motivación a largo plazo es fundamental para evitar recaer en hábitos del pasado y avanzar hacia una vida más plena y significativa. Hoy quiero compartir algunas estrategias para mantener la motivación, incluso cuando las cosas se pongan difíciles.

La Motivación Como un Viaje Diario

La motivación no es algo que se encuentra una vez y permanece para siempre; es algo que hay que cultivar todos los días. Habrá momentos en los que te sentirás lleno de energía y ganas de avanzar, y otros en los que la motivación parecerá desvanecerse. Entender que la motivación es un viaje diario te ayudará a estar preparado para los desafíos y a encontrar la manera de seguir adelante, aun en los momentos más difíciles.

Estrategias para Mantener la Motivación a Largo Plazo:

- **Establecer Metas Claras y Realistas:** Tener metas claras te ayudará a mantener el enfoque y a saber hacia dónde dirigirte. Es fundamental establecer tanto metas grandes como metas pequeñas y alcanzables a corto plazo. Las metas grandes, como conseguir un empleo estable o reconstruir una relación importante, proporcionan una dirección, mientras que las metas pequeñas te dan la satisfacción constante de los logros diarios.

- **Divide tus metas grandes en pasos pequeños**: Al dividir una meta grande en acciones pequeñas, puedes avanzar paso a paso y sentir que logras algo cada día. Esto te permitirá mantener el impulso y evitar sentirte abrumado.

- **Rodéate de Personas Positivas:** El entorno tiene un gran impacto en nuestra motivación. Rodéate de personas que te apoyen, que te impulsen a ser mejor y que crean en ti. Busca amigos, familiares o grupos de apoyo que compartan tus objetivos y que te animen a seguir adelante, incluso cuando las cosas se pongan difíciles. El apoyo de los demás es fundamental para mantener la motivación y para recordar que no estás solo en tu camino.

– **Celebra Tus Logros:** A menudo nos enfocamos tanto en lo que aún falta por hacer que olvidamos reconocer lo que ya hemos logrado. Celebrar tus logros, por pequeños que sean, es una forma poderosa de mantener la motivación y de recordarte a ti mismo que estás avanzando.

– **Lleva un diario de logros**: Anotar tus logros diarios o semanales puede ser una herramienta poderosa para mantenerte motivado. Al ver tus avances escritos, podrás darte cuenta de todo lo que has conseguido y te sentirás más animado a continuar.

– **Enfócate en el Propósito:** Cuando te enfrentes a desafíos y la motivación parezca decaer, recuerda el porqué de tus acciones. Enfócate en el propósito que te impulsa a seguir adelante: ya sea el deseo de ser una mejor versión de ti mismo, el amor por tu familia, o el sueño de construir una vida estable y significativa. Tener un propósito claro te ayudará a mantener la motivación, incluso en los momentos difíciles.

– **Visualiza tu futuro**: Dedica unos minutos al día a visualizar el futuro que deseas para ti. Imagina cómo será tu vida cuando logres tus metas, cómo te sentirás y cómo serán tus relaciones. Esta práctica te ayudará a mantenerte enfocado y motivado.

– **Aprende de los Fracasos:** Los fracasos son parte del camino, pero no deben desmotivarte. En lugar de ver los errores o retrocesos como derrotas, vélos como oportunidades de aprendizaje. Cada error es una lección que te acerca más a tus objetivos.

– **Reflexiona sobre cada experiencia**: Cuando enfrentes un obstáculo o fracaso, reflexiona sobre lo que podrías haber hecho de manera diferente y cómo puedes aplicar ese aprendizaje en el futuro. Esto te ayudará a convertir cada experiencia en una oportunidad para mejorar y te dará la confianza para seguir adelante.

– **Mantén una Rutina Positiva:** Tener una rutina diaria estructurada y positiva es una excelente forma de mantener la motivación. Dedica tiempo a actividades que te ayuden a crecer y que te aporten bienestar, como el ejercicio, la meditación, la lectura o el aprendizaje de nuevas habilidades. La rutina proporciona estabilidad y te ayuda a mantener el enfoque, especialmente cuando las circunstancias se tornan difíciles.

CONSIDERACIONES FINALES

Mantener la motivación a largo plazo después de salir de prisión puede ser desafiante, pero con las estrategias adecuadas, es completamente posible. Establecer metas claras, rodearte de personas positivas, celebrar los logros, enfocarte en el propósito, aprender de los fracasos y mantener una rutina positiva son herramientas fundamentales para evitar recaer en hábitos del pasado y construir una vida plena y significativa. Recuerda siempre que cada día es una nueva oportunidad para avanzar hacia el futuro que deseas, y que el esfuerzo constante te llevará a alcanzar tus sueños.

~~~

PREGUNTAS NECESARIAS: INTROSPECCIÓN PARA CRECER

Estar en prisión no significa que nuestro desarrollo personal tenga que detenerse. De hecho, es un momento para mirarnos hacia adentro y reflexionar sobre cómo crecer y transformarnos. La introspección es una herramienta poderosa para encontrar claridad, paz y motivación para el futuro. Si estás buscando maneras de aprovechar el tiempo y crecer, aquí te comparto algunas preguntas que pueden ayudarte a enfocarte y comenzar tu proceso de introspección:

¿Cuáles son los errores que he cometido y qué lecciones puedo aprender de ellos? Reflexionar sobre nuestros errores no se trata de autocrítica destructiva, sino de aprovechar las lecciones que nos permitirán ser mejores. Pregúntate cómo puedes transformar esas equivocaciones en aprendizaje y cómo evitarías repetirlas.

¿Cuáles son las personas que he dañado y cómo puedo redimirme con ellas o conmigo mismo? Parte del crecimiento personal es enfrentar el dolor que hemos causado y buscar formas de redimirnos. Reflexionar sobre esto te permitirá sanar relaciones y avanzar hacia la paz interior.

¿Qué virtudes tengo y cómo puedo usarlas para mejorar mi vida y ayudar a otros? Todos tenemos cualidades positivas. Identificarlas te ayudará a reconocer tu valor y a pensar cómo aprovechar esas fortalezas para tener un impacto positivo en tu vida y en la de quienes te rodean.

¿Cuáles son los hábitos que me han llevado a donde estoy y cuáles puedo cambiar para crear un futuro diferente? El cambio comienza al identificar patrones que nos afectan. Pregúntate qué hábitos obstaculizan tu crecimiento y cómo podrías reemplazarlos por otros más saludables.

¿Qué sueños o metas tengo para el futuro, y cómo puedo prepararme desde hoy para alcanzarlos? La prisión puede ser un momento para reflexionar sobre lo que quieres lograr cuando recuperes la libertad. Tener una visión clara de tus metas te ayudará a tomar decisiones hoy que se alineen con ese futuro.

¿Qué puedo agradecer hoy, a pesar de mis circunstancias? Practicar la gratitud, incluso en las situaciones más adversas, te permite mantenerte positivo y motivado. Reflexiona sobre aquello que sí tienes, sobre las personas que te apoyan o las lecciones que has aprendido.

¿Cómo puedo ser una mejor versión de mí mismo cada día? El crecimiento personal es un proceso constante. Cada día ofrece una oportunidad para ser mejor que ayer. Reflexiona sobre qué acciones concretas puedes tomar diariamente para seguir creciendo.

¿Qué pensamientos negativos me limitan y cómo puedo cambiarlos por positivos? Identificar los pensamientos que te frenan es clave para el cambio. Reflexiona sobre cómo transformar esos pensamientos negativos en afirmaciones que te impulsen hacia adelante.

¿Qué me motiva a seguir adelante, incluso en los momentos más difíciles? Conectar con tus motivaciones profundas te dará fuerza en los momentos más desafiantes. Reflexiona sobre qué te inspira a no rendirte.

¿Cómo puedo perdonarme a mí mismo por los errores del pasado? El perdón personal es esencial para el crecimiento. Reflexiona sobre cómo dejar de castigarte por el pasado y aceptar que puedes cambiar.

¿Qué habilidades o conocimientos puedo adquirir durante mi tiempo aquí para mejorar mi futuro? Aprovecha este tiempo para aprender algo nuevo. Reflexiona sobre qué habilidades pueden ayudarte a tener un futuro mejor y cómo podrías empezar a desarrollarlas.

¿Cómo puedo contribuir positivamente a la comunidad dentro de la prisión? Incluso en prisión, puedes tener un impacto positivo en los demás. Reflexiona sobre cómo ayudar o apoyar a quienes te rodean.

¿Cómo puedo fortalecer mi resiliencia frente a las adversidades que enfrento? La resiliencia es la capacidad de levantarse después de cada caída. Reflexiona sobre cómo cultivar esta habilidad para superar los desafíos diarios.

¿Qué significa para mí la libertad interior y cómo puedo cultivarla? La libertad no siempre es física. Reflexiona sobre cómo sentirte libre internamente, a pesar de las circunstancias externas.

¿Qué tipo de persona quiero ser cuando recupere mi libertad? Visualiza la versión de ti mismo que quieres construir. Reflexiona sobre qué cualidades, actitudes y hábitos te gustaría tener cuando estés fuera y cómo puedes empezar a desarrollarlos hoy.

Estas preguntas pueden ser el inicio de una transformación profunda que te permita encontrar paz, sentido y propósito, a pesar de las circunstancias. La introspección puede ser desafiante, pero también abre puertas hacia una libertad interior que nadie te puede quitar.

CONSIDERACIONES FINALES

La introspección es una herramienta poderosa para el crecimiento personal, y aunque las circunstancias sean difíciles, siempre hay un espacio para transformar nuestro ser. Reflexionar sobre nuestro pasado, nuestras motivaciones y nuestras metas nos da la claridad necesaria para un futuro mejor. Recuerda que todo cambio empieza desde dentro.

~~~

HISTORIAS INSPIRADORAS: UN NUEVO COMIENZO ES POSIBLE

Es fácil pensar que el pasado define para siempre nuestro futuro, pero la verdad es que siempre existe la posibilidad de cambiar. Estar en prisión puede parecer el final de todo, pero muchas veces es el comienzo de un viaje de transformación personal. La historia está llena de ejemplos de personas que cambiaron sus vidas tras estar en prisión, demostrando que un nuevo comienzo es posible para cualquiera. Hoy exploraremos algunas historias inspiradoras que muestran que, sin importar lo difícil del pasado, siempre se puede construir un futuro mejor.

Malcolm X: La Transformación a Través del Conocimiento

Malcolm X pasó tiempo en prisión, donde decidió cambiar su vida por completo. Se dedicó a la lectura y a aprender sobre su historia y raíces. Estudió política, religión e historia, y esta educación encendió su pasión por la justicia social. Malcolm X se convirtió en un líder de la comunidad afroamericana y fue una voz fundamental en la lucha por los derechos civiles en Estados Unidos. Su historia es un ejemplo de cómo el conocimiento puede transformar nuestras vidas, y de cómo un nuevo comienzo es posible cuando decidimos crecer, pese a las circunstancias adversas.

Nelson Mandela: De Prisionero a Presidente

Nelson Mandela es otro ejemplo icónico de cómo la prisión puede ser un lugar de transformación y crecimiento personal. A pesar de las duras condiciones y de los largos años de encierro, Mandela nunca perdió la esperanza de ver a su país libre de la opresión racial. Durante su tiempo en prisión, trabajó en su autocontrol, paciencia y visión de una Sudáfrica libre. Al salir de prisión, no buscó venganza, sino reconciliación y unión para su país. Mandela se convirtió en el primer presidente negro de Sudáfrica y lideró al país hacia un futuro de paz y equidad. Su historia es un testimonio de cómo el perdón, la resiliencia y la esperanza pueden transformar no solo una vida, sino una nación entera.

Viktor Frankl: Encontrar Propósito en Medio del Sufrimiento

Viktor Frankl fue encarcelado durante uno de los momentos más difíciles de la historia. Durante ese periodo, encontró un sentido al dolor y a la existencia. Observó que quienes podían encontrar un propósito lograban sobreponerse al sufrimiento. Tras su liberación, Frankl escribió *El hombre en busca de sentido*, donde destacó la importancia de encontrar un significado a la vida, incluso en circunstancias adversas. Su experiencia muestra que, aunque las circunstancias externas sean extremadamente difíciles, el poder de la mente y del propósito es lo que nos mantiene en pie y nos permite seguir adelante.

Miguel de Cervantes: La Creatividad en Medio del Encierro

Miguel de Cervantes, autor de *Don Quijote de la Mancha*, pasó tiempo en prisión en varias ocasiones. Durante esos periodos, se cree que escribió algunas partes de *Don Quijote*. La capacidad de Cervantes para usar el tiempo en prisión de manera constructiva y crear una de las obras más importantes de la literatura universal es un claro ejemplo de cómo un nuevo comienzo puede surgir incluso en las condiciones más difíciles.

Fiódor Dostoievski: El Renacer Literario

Fiódor Dostoievski pasó varios años en prisión, experiencia que influyó profundamente en su obra. Durante su encarcelamiento, reflexionó sobre la naturaleza humana y la existencia, algo que se ve reflejado en *Los hermanos Karamázov* y *Crimen y castigo*. La profundidad de sus reflexiones y la transformación personal que vivió en prisión se convirtieron en la base de su legado literario.

Oscar Wilde: Redención a Través de la Palabra

Oscar Wilde pasó dos años en prisión, tiempo en el cual escribió algunas de sus obras más conmovedoras. Su experiencia lo llevó a escribir *De Profundis*, una extensa carta sobre su vida y sufrimiento, y *La balada de la cárcel de Reading*, donde captura la esencia de la vida carcelaria y la redención personal. Wilde encontró un propósito en medio de su sufrimiento, convirtiendo el arte en un medio de sanación y transformación.

CONSIDERACIONES FINALES

Estas historias de personas que lograron transformar sus vidas tras pasar por prisión nos recuerdan que un nuevo comienzo siempre es posible. Malcolm X, Nelson Mandela, Viktor Frankl, Miguel de Cervantes, Fiódor Dostoievski y Oscar Wilde encontraron en la adversidad una razón para cambiar, crecer y contribuir al mundo de manera positiva. Estar en prisión no define quién eres ni quién serás. Siempre puedes elegir cambiar, ser mejor y trabajar por un futuro diferente. La historia está llena de ejemplos de personas que, a pesar de las circunstancias más oscuras, lograron encender la luz del cambio y la esperanza.

~~~

GLOSARIOS

Este sistema de glosarios ha sido diseñado para profundizar en conceptos clave relacionados con la resiliencia, el crecimiento personal, el bienestar emocional y la reconstrucción de relaciones. Su propósito no es solo aclarar términos, sino también inspirar y proporcionar una comprensión más profunda de los pilares fundamentales para tu proceso de reintegración social y desarrollo personal.

Cada palabra ha sido seleccionada con un objetivo claro: ayudarte a construir una nueva historia, una historia de libertad, redención y realización plena de tus potencialidades.

RESILIENCIA Y CRECIMIENTO PERSONAL

Aceptación: Reconocer nuestras emociones y circunstancias tal como son, sin juzgarlas. Nos permite dejar de resistirnos a lo que no podemos cambiar y enfocarnos en mejorar lo que sí está en nuestras manos.

Adaptación: Capacidad para ajustarse a situaciones difíciles o cambios, siendo flexible y buscando siempre la mejor forma de enfrentar nuevas realidades.

Autocompasión: Tratarse con amabilidad y comprensión cuando las cosas no salen bien. Ayuda a reducir la autocrítica y a enfocarse en el aprendizaje y crecimiento personal.

Autoconfianza: Creer en nuestras capacidades para enfrentar desafíos y alcanzar metas. Nos da la seguridad necesaria para actuar y superar obstáculos.

Autodisciplina: Capacidad para controlar impulsos y mantenerse enfocado en lo importante. Permite tomar decisiones que favorecen nuestro bienestar y desarrollo.

Crecimiento personal: Proceso de mejora continua para desarrollar habilidades, superar limitaciones y alcanzar nuestro potencial.

Determinación: Firmeza para seguir adelante y lograr nuestras metas, a pesar de las dificultades. Mantiene el enfoque en lo que queremos alcanzar.

Empatía: Capacidad para ponerse en el lugar de los demás y entender sus emociones. Ayuda a construir relaciones basadas en el respeto y la comprensión.

Esperanza: Creer en un futuro mejor y trabajar para conseguirlo. Nos motiva a mantener una actitud positiva y avanzar hacia nuestras metas.

Optimismo: Tendencia a ver el lado positivo de las situaciones y esperar buenos resultados. Ayuda a mantener una actitud resiliente en momentos difíciles.

Paciencia: Capacidad de tolerar las incomodidades de una espera sin frustrarse. Es esencial para enfrentar desafíos y entender que todo lleva su tiempo.

Perseverancia: Persistir con esfuerzo y determinación ante obstáculos que van apareciendo. Nos enseña a no rendirnos y a seguir luchando por nuestras metas.

Proactividad: Tomar la iniciativa y actuar antes de que surjan problemas. Permite tener control sobre nuestras circunstancias y anticiparse a los desafíos.

Resiliencia: Capacidad para recuperarse de los desafíos y salir fortalecido. Implica aprender de las dificultades y convertirlas en oportunidades de crecimiento.

~~~

EMOCIONES Y BIENESTAR MENTAL

Alegría: Emoción que surge al experimentar algo placentero o satisfactorio. Nos llena de energía y nos ayuda a mantener una actitud optimista.

Ansiedad: Emoción que se manifiesta como preocupación excesiva o miedo frente a lo incierto. Entenderla y gestionarla es fundamental para mantener nuestro equilibrio emocional.

Autocompasión: Tratarte con bondad y comprensión, especialmente ante fallos o errores. Nos ayuda a reducir la autocrítica y enfocarnos en el aprendizaje y el crecimiento personal.

Autoconfianza: Creer en nuestra capacidad para enfrentar desafíos y lograr metas. Nos impulsa a actuar con seguridad y a superar los obstáculos que se presentan en el camino.

Compasión: Sentir el sufrimiento de los demás y desear aliviarlo. Nos motiva a apoyar a quienes lo necesitan y a fortalecer nuestros vínculos con los demás.

Empatía: Capacidad de ponerse en el lugar de otros y entender sus emociones. Nos ayuda a conectar de una manera más humana y a construir relaciones significativas.

Esperanza: Confianza en que el futuro traerá cosas buenas. Es el motor que nos impulsa a seguir adelante incluso ante dificultades.

Fortaleza emocional: Capacidad para mantener el equilibrio frente a situaciones complicadas. Nos permite enfrentar los desafíos con una actitud positiva y sin rendirnos.

Frustración: Sensación de desánimo cuando las cosas no salen como esperábamos. Aprender a lidiar con ella nos permite crecer y buscar nuevas soluciones.

Gratitud: Apreciar y valorar lo que tenemos, incluso en momentos difíciles. Nos ayuda a enfocarnos en los aspectos positivos de la vida, mejorando nuestro bienestar emocional.

Motivación: Impulso interno que nos lleva a actuar y alcanzar nuestras metas. Nos mantiene enfocados y nos ayuda a superar los obstáculos.

Resiliencia emocional: Capacidad para manejar emociones difíciles y recuperarse de situaciones adversas. Es clave para mantener el equilibrio mental en momentos complicados.

Serenidad: Estado de calma que permite actuar con claridad y sin apresuramiento. Es esencial para manejar el estrés y tomar decisiones conscientes.

Tranquilidad: Estado de paz interior que facilita manejar situaciones con claridad. Es fundamental para tomar decisiones acertadas y mantener la calma en momentos de tensión.

Tristeza: Emoción que surge como respuesta a pérdidas o situaciones dolorosas. Reconocerla nos permite procesar nuestras emociones y avanzar en el proceso de sanación.

~~~

HABILIDADES SOCIOEMOCIONALES

Adaptabilidad: Flexibilidad para ajustarse a circunstancias nuevas o cambios inesperados. Nos ayuda a enfrentar situaciones desconocidas con una actitud abierta y aprender del proceso.

Autoconocimiento: Conocer nuestras fortalezas, debilidades, emociones y motivaciones. Es el primer paso para el desarrollo personal, ya que nos permite identificar áreas a mejorar y oportunidades para crecer.

Autodisciplina: Capacidad para controlar los impulsos y enfocarse en los objetivos a largo plazo. Es esencial para evitar distracciones y mantenerse en el camino hacia nuestras metas.

Comunicación asertiva: Expresar nuestras ideas y necesidades con claridad y respeto, sin agredir ni permitir ser agredido. Fomenta relaciones saludables y evita conflictos innecesarios.

Escucha activa: Prestar atención plena a lo que la otra persona dice, mostrando interés y comprensión. Es esencial para una comunicación efectiva y para fortalecer las relaciones interpersonales.

Gestión del tiempo: Habilidad para organizar y planificar el tiempo de manera eficiente para cumplir con responsabilidades y alcanzar metas. Nos ayuda a ser más productivos y a reducir el estrés.

Gratitud: Apreciar y valorar lo que tenemos, incluso en momentos difíciles. Nos ayuda a enfocarnos en los aspectos positivos y mejora nuestro bienestar emocional.

Habilidades sociales: Técnicas para relacionarse de manera efectiva y positiva con los demás. Incluyen la empatía, la escucha activa y la capacidad de crear conexiones significativas.

Motivación: Fuerza interna que impulsa a actuar para alcanzar objetivos. Nos ayuda a mantenernos enfocados y a superar desafíos en el camino hacia nuestras metas.

Negociación: Capacidad de llegar a acuerdos satisfactorios para todas las partes involucradas. Implica encontrar puntos en común y ser flexible para alcanzar resultados beneficiosos.

Proactividad: Actuar antes de que surjan problemas, tomando la iniciativa para controlar las situaciones. Permite anticipar dificultades y buscar soluciones antes de que se conviertan en obstáculos.

Resolución de conflictos: Habilidad para manejar desacuerdos de manera constructiva. Requiere comunicación efectiva, empatía y la capacidad de encontrar soluciones que beneficien a todos.

Resolución de problemas: Capacidad de analizar una situación y encontrar soluciones efectivas. Es clave para enfrentar desafíos y superarlos de forma práctica.

Serenidad: Estado de calma y equilibrio que permite actuar con claridad. Es esencial para manejar el estrés y tomar decisiones conscientes.

Toma de decisiones: Proceso de evaluar diferentes opciones y elegir la más adecuada. Requiere analizar las posibles consecuencias y actuar con confianza.

Trabajo en equipo: Colaborar con otros para alcanzar un objetivo común. Requiere habilidades como la comunicación, la empatía y la cooperación para lograr metas compartidas.

Tranquilidad: Estado de paz interior que nos permite manejar situaciones con claridad. Es fundamental para tomar decisiones acertadas y mantener la calma en momentos de tensión.

~~~

PROPÓSITO Y FUTURO

Autoconfianza: Creer en nuestra capacidad para alcanzar metas y construir el futuro que deseamos. Es fundamental para tomar decisiones y actuar con seguridad.

Cambio: Proceso de transformación hacia una nueva realidad. Aceptar y adaptarse al cambio nos permite evolucionar y enfrentar nuevos desafíos.

Crecimiento personal: Proceso continuo de desarrollo y mejora para alcanzar nuestro máximo potencial. Es esencial para vivir una vida plena y significativa.

Determinación: Fuerza interna que impulsa a seguir adelante pese a los obstáculos. Es clave para alcanzar nuestras metas y mantenernos enfocados en nuestro propósito.

Esperanza: Confianza en que el futuro puede ser mejor y que tenemos el poder de influir en él. Nos da la energía necesaria para enfrentar desafíos y seguir adelante.

Metas: Objetivos que nos dan dirección y nos ayudan a crecer. Tener metas nos permite planificar el futuro y dar pasos concretos hacia lo que deseamos lograr.

Oportunidad: Circunstancia que nos ofrece la posibilidad de mejorar y aprender. Aprovechar las oportunidades es fundamental para el crecimiento personal.

Optimismo: Actitud positiva basada en la creencia de que podemos lograr nuestros objetivos. Nos ayuda a enfrentar los desafíos con una mentalidad abierta y proactiva.

Planificación: Proceso de organizar acciones para alcanzar nuestras metas. Nos permite trazar un camino claro hacia el futuro que deseamos.

Propósito: Razón o motivación que da sentido a nuestras acciones. Tener un propósito nos mantiene enfocados y nos ayuda a encontrar significado incluso en situaciones difíciles.

Renovación: Proceso de dejar atrás el pasado y crear un nuevo presente. Implica dejar ir lo que ya no nos sirve y abrirnos a nuevas posibilidades para mejorar.

Superación: Acción de superar dificultades y salir fortalecido. Es esencial para construir un futuro mejor y aprender de nuestras experiencias.

Transformación: Cambio profundo que nos lleva a una nueva forma de ser o de ver la vida. Es el resultado del aprendizaje constante y de nuestras experiencias.

Visión: Imagen clara de lo que queremos lograr en el futuro. Tener una visión nos motiva y guía nuestras decisiones hacia nuestros objetivos.

~~~

LIBERTAD Y REDENCIÓN

Arrepentimiento: Reconocer un error y sentir el deseo genuino de cambiar. Es un paso fundamental hacia la redención y el perdón.

Compasión: Sentimiento de empatía hacia uno mismo y los demás, acompañado del deseo de aliviar el sufrimiento. Es clave para el perdón y la sanación emocional.

Dignidad: Valor inherente de cada ser humano, que no se pierde a pesar de los errores cometidos. Conocer nuestro valor intrínseco es esencial para encontrar el camino hacia la redención.

Esperanza: Creencia en la posibilidad de un futuro mejor. Nos motiva a seguir luchando por nuestras metas y a buscar oportunidades para mejorar.

Fortaleza interior: Capacidad de mantenerse firme y resiliente ante las dificultades. Nos ayuda a enfrentar desafíos y avanzar con determinación.

Libertad interior: Sentirnos libres a pesar de las circunstancias externas, conectando con nuestra paz interna. Nos permite encontrar serenidad y fortaleza sin importar lo que ocurra alrededor.

Liberación emocional: Proceso de dejar ir emociones negativas como el resentimiento y la culpa. Nos permite vivir con mayor ligereza y centrarnos en el presente.

Perdón: Dejar atrás el rencor y aceptar la posibilidad de comenzar de nuevo. Es un acto de liberación que nos ayuda a soltar el pasado y avanzar hacia una vida más plena.

Redención: Acto de liberarse de un error o culpa, buscando ser mejor. Implica reconocer nuestras faltas y comprometernos con el cambio.

Renovación: Transformación que implica dejar atrás viejos patrones y adoptar nuevos caminos. Es parte esencial del proceso de crecimiento personal y redención.

Resiliencia: Capacidad de adaptarse y recuperarse de situaciones difíciles, saliendo fortalecido. Es clave para enfrentar los desafíos y seguir adelante.

Responsabilidad: Capacidad de asumir las consecuencias de nuestras decisiones. Nos permite aprender de los errores y tomar control de nuestro destino.

Sanación: Proceso de recuperación emocional y mental para alcanzar el bienestar. Nos ayuda a superar el dolor y a encontrar equilibrio.

Transformación: Cambio profundo que nos lleva a ser mejores personas. Es el resultado del aprendizaje y del proceso de redención.

~~~

BIBLIOGRAFÍA

- Cueva Pérez S. Competencias socioemocionales en la población reclusa [Trabajo de Fin de Grado en Psicología]. Oviedo: Universidad de Oviedo; 2024. Disponible en: https://digibuo.uniovi.es/dspace/handle/10651/73899.

- Duran Zuazo JC. Factores de resiliencia personal en niños privados de libertad, asistentes a la escuela Gran Bretaña de la zona de San Pedro de la ciudad de La Paz [tesis de licenciatura en Psicología]. La Paz: Universidad Mayor de San Andrés; 2010. Disponible en: https://repositorio.umsa.bo/handle/123456789/35717.

- Ferreira AIA de A. Reinserção social de ex-reclusos: Um estudo de caso [Dissertação de mestrado, Iscte - Instituto Universitário de Lisboa]. Repositório Iscte; 2023. Disponible en: http://hdl.handle.net/10071/30388.

- García-España E, García-España E. La reinserción social de los internos en centros penitenciarios: un análisis criminológico. Bol Criminol. 2024;(206):1-8. Disponible en: https://revistas.uma.es/index.php/boletin-criminologico/article/view/20600.

- Gomes MS, Libório LA. Maná del cielo: ¿fantasía religiosa para los mayores, o resiliencia en las dificultades de la vida? Rev Int Apoyo Incl Logop Soc Multicult. 2020;6(1):98-108. Disponible en: https://revistaselectronicas.ujaen.es/index.php/riai/article/view/5214.

- González Pérez M. Resiliencia y su relación con la adaptación social en internos de un centro penitenciario [tesis de licenciatura en Psicología]. Ciudad de México: Universidad Nacional Autónoma de México; 2019. Disponible en: http://repositorio.amapsi.org:8081/jspui/handle/123456789/32.

- Herrera Medina MI. La resiliencia y su relación con la agresividad en adolescentes infractores [tesis de licenciatura en Psicología Clínica]. Ambato: Universidad Técnica de Ambato; 2020. Disponible en: https://repositorio.uta.edu.ec/items/9cf22cd5-6587-4ffb-9fdc-3a3d0e847076.

- Kleiberth Lenin Mora Aragón. La orquesta participativa: estrategia de resiliencia y (re)inserción social en el contexto penitenciario [tesis de doctorado en Artes]. Poitiers: Université de Poitiers; 2024. Disponible en: https://theses.hal.science/tel-04767351/.

- Macías-Garzón GX, Rodríguez-Leuro ÁI. Docentes, enseñanzas y aprendizajes en contextos educativos penitenciarios: revisión de la literatura. I+D Rev Investig. 2023;18(2):89-103. Disponible en: http://sievi.udi.edu.co/ojs/index.php/ID/article/view/416.

- Mansilla MA, Vergara JC. Redes comunitarias intra y extracarcelarias en Chile: apaquismo y voluntariados evangélicos. Rev Museo Antropol. 2023;16(2):245-258. Disponible en: https://dx.doi.org/10.31048/1852.4826.v16.n2.40134.

- Mora Aragón KL. La orquesta participativa: estrategia de resiliencia y (re)inserción social en el contexto penitenciario [tesis de doctorado en Artes]. Poitiers: Université de Poitiers; 2024. Disponible en: https://theses.hal.science/tel-04767351/.

- Nóbrega PRF. Valores de vida, resiliencia y afrontamiento en reclusos y no reclusos [tesis de maestría en Psicología]. Covilhã: Universidade da Beira Interior; 2015. Disponible en: https://ubibliorum.ubi.pt/handle/10400.6/5535.

- Novais FAG, Ferreira JA, Santos ER dos. Transição e ajustamento de reclusos ao estabelecimento prisional. Psychologica. 2010;(52-II):209-241. Disponible en: https://impactum-journals.uc.pt/psychologica/article/view/1647-8606_52-2_9.

- Sanhueza GE. Datos y gestión carcelaria: ¿herramientas para la reinserción? Rev Estud Polit Pub. 2023;9(2):85-96. Disponible en: https://dx.doi.org/10.5354/0719-6296.2023.71063.

- Vargas Guzmán WC, García Alejo M. Resiliencia, comprensión psicosocial para los pospenados del Instituto Nacional Penitenciario y Carcelario en Colombia. Rev Cienc Soc. 2021;27(Extra 3):151-167. Disponible en: https://dialnet.unirioja.es/servlet/articulo?codigo=8081763.

- Villanueva Conislla M. Beneficios penitenciarios y accesibilidad al derecho de trabajo como garantía de reinserción social extramuros 2021. Ciencia Latina. 2024;8(3):6539-57. Disponible en:

https://www.ciencialatina.org/index.php/cienciala/article/view/11838.

- Zevallos Vega LD. Análisis de los programas de tratamientos para fortalecer los resultados de reinserción social positiva en la población penitenciaria extramuros [tesis de maestría en Gerencia Pública]. Lima: Universidad Continental; 2024. Disponible en: https://repositorio.continental.edu.pe/handle/20.500.12394/15363.

- Zuluaga Gómez A. La resiliencia: una coraza contra la sordidez de los tiempos modernos. Poiésis. 2013;4(7). Disponible en: https://revistas.ucatolicaluisamigo.edu.co/index.php/poiesis/article/view/578.

~~~

Don't miss out!

Visit the website below and you can sign up to receive emails whenever Arturo José Sánchez Hernández publishes a new book. There's no charge and no obligation.

https://books2read.com/r/B-A-RZZWB-MWYHF

BOOKS 2 READ

Connecting independent readers to independent writers.

Did you love *Renacer entre Rejas*? Then you should read *Cardinal Virtues*[1] by Arturo José Sánchez Hernández!

[2]

Innovative exploration of cardinal virtues with sayings and images. Useful for navigating daily life, making sound decisions, and living fully. This work combines the timeless wisdom of ancient sayings with the dynamism of contemporary technology, specifically through the use of AI-generated images. By intertwining these two elements, a bridge is created between the past and the present, offering readers a unique tool to navigate the complexities of daily life. This approach not only facilitates wise decision-making and more effective handling of challenges, but also promotes a fuller and more meaningful existence. Therefore, this work stands as an invaluable resource for those seeking

---

1. https://books2read.com/u/3nQjWo

2. https://books2read.com/u/3nQjWo

inspiration and guidance in the perennial teachings of humanity, reinterpreted through the lens of advanced technology.

Also by Arturo José Sánchez Hernández

Detti illustrati
Virtù cardinali
Chiavi per sedurre con efficacia

Dictons illustrés
Vertus Cardinals
Clés Pour Séduire Efficacement
Attitudes Puissantes
Décide avec Sagesse

Ditados Ilustrados
Virtudes Cardinais
Chaves Para Conquistar Com Eficácia

Guérison et croissance personnelle
Quand l'amour s'achève

Healing and Personal Growth
When Love Ends
Challenging Loneliness

Illustrated sayings
Cardinal Virtues
Keys to Effective Seduction
Powerful Attitudes
Decide Wisely

Jugendliche mit Zweck
Zweck in Aktion

Sanación y Crecimiento Personal
Cuando el Amor Termina
Desafiando la Soledad
Renacer entre Rejas

Teens with Purpose
Purpose in Action

Standalone
Propósito en Marcha

About the Author

Arturo José Sánchez Hernández, born in Havana in 1970, is a physician specializing in Comprehensive General Medicine and Psychiatry. He has an extensive professional and academic background, supported by several publications focused on ethics and the theory of values.

With notable experience in sexuality and couple and family psychotherapy, Dr. Sánchez Hernández has devoted part of his career to exploring these areas of mental health. Additionally, he is distinguished as an author of self-help and personal growth books, where sayings and images play a central role.

He currently resides in Maun, Botswana, where he practices as a psychiatrist at the Letsholathebe II Memorial Hospital. His commitment to mental health and individual well-being has made him a highly regarded professional both in his home country and in his new community in Botswana.

Milton Keynes UK
Ingram Content Group UK Ltd.
UKHW030949261124
451585UK00001B/100

9 798230 971047